Remo Vetter

The Lazy Gardener
und seine Gartengeheimnisse

Mit weniger Aufwand
zur besseren Ernte im Biogarten

Fotografiert von Dave Brüllmann

atVERLAG

*Für unsere drei Töchter
Maria, Ashlin und Seraina*

»Drei Dinge sind uns aus dem Paradies geblieben:
Sterne, Blumen und Kinder.«
Dante Alighieri

© 2018
AT Verlag, Aarau und München
Fachlektorat: Kirsten Sonntag, München
Fotos: Dave Brüllmann, Oberhofen (TG)
Foto Seite 182/183: Hof Weissbad
Grafische Gestaltung und Satz: AT Verlag
Druck und Bindearbeiten: Druckerei Uhl, Radolfzell
Printed in Germany

ISBN 978-3-03800-975-7

www.at-verlag.ch

Der AT Verlag, AZ Fachverlage AG, wird vom Bundesamt für Kultur
mit einem Strukturbeitrag für die Jahre 2016–2020 unterstützt.

The Lazy Gardener
und seine Gartengeheimnisse

INHALT

9   Vorwort

12   Einführung

16   Jetzt kann es losgehen! Gartenwissen in Kürze

45   Frühling

83   Sommer

137   Herbst

163   Winter

184   Ich wünsche mir einen Garten

Anhang
190   Gemüse, Kräuter, Beeren und Obst: Unsere Favoriten im Überblick
208   Behandlungsmethoden gegen Schädlinge und Krankheiten
214   Vorbeugender Pflanzenschutz mit Kräutern
217   Unsere bevorzugten Adressen
218   Dank
221   Autoren und Fotograf
222   Register

VORWORT

DER LUXUS DER LANGSAMKEIT

Immer mehr Menschen suchen ihr Glück im Garten. Unter dem Stichwort »Urban Gardening« wird weltweit um die Wette gegärtnert. In Japan steigen die Banker über Mittag auf das Hochhausdach zu ihren Gärten und widmen sich eine halbe Stunde der Naturarbeit, um zur Ruhe zu kommen.

Dafür, dass im Garten neben Rosen, Lavendel, Tomaten und Apfelbäumen auch das Glück blüht, gibt es viele Gründe. Der Mensch findet es grundsätzlich schön und inspirierend, einen Garten anzuschauen. Naturbetrachtung hat etwas Wohltuendes und ist ein Ausgleich zum hektischen Alltag mit seiner Informationsüberflutung. Das Glück im Garten erwächst aber nicht nur aus der entspannten Betrachtung, sondern auch aus dem handfesten Zupacken. Eine Tomate von der Aussaat bis zur Ernte zu begleiten, schafft eine Beziehung zu unseren Lebensmitteln und damit zur Natur. Die Entwicklung vom Samen bis zur saftigen, schmackhaften Tomate ist auch eine Botschaft an den Menschen: Alles braucht seine Zeit. Die Natur gibt uns vor, was möglich und was zu tun ist. Das kann eine Herausforderung sein in einer Zeit, in der alles immer schneller wird, ständig und sofort verfügbar sein muss. Und das ist letztlich der wahre Segen für den, der die Lektion versteht. Die Natur schenkt uns den Luxus der Langsamkeit.

Rückzugsort und Muße auf der einen Seite, Arbeit und Ertrag auf der anderen. Mit diesen beiden Polen ist der Garten ein starkes Symbol für unsere Existenz. Ein Modell für das, was man heute »Work-Life-Balance« nennt.

GÄRTNERN MIT DER NATUR

Viele Menschen würden gerne so gärtnern, wie sie essen und leben: Es muss schnell gehen, und anfallende Probleme sollen umgehend behoben werden. Doch ebenso wie das Essen ist auch das Gärtnern eine Philosophie und eine Herzensangelegenheit. Es bedeutet auch, sich daran erfreuen zu können, einfach nur durch den Garten zu flanieren und zu genießen. Menschen, die Zeit in der Natur oder im Garten verbringen, sind meist glücklicher und zufriedener. Denn nichts ist so heilend wie die Natur.

Im Garten herrschen eigene Gesetzmäßigkeiten. Hier, wo ein Baum lange braucht, um Früchte zu tragen, wo es dauert, bis das Gemüse reif wird, wo wir Einflüsse nicht manipulieren können, sind wir der Natur und den Jahreszeiten ausgesetzt; sie geben vor, was geht und was zu tun ist. Im Garten sieht man aber auch den Lohn für seine Arbeit und den Aufwand, den man geleistet hat, ganz unmittelbar, was große Befriedigung verschafft.

> Wir haben es uns zur Gewohnheit gemacht, im Garten keine Uhr zu tragen, denn der Garten soll ein Ort der Entspannung und der Muße sein.

∨ Lupinen und Feuerbusch ziehen Bienen, Hummeln und Schmetterlinge an.

Die Qualität und die persönliche Beziehung zu den im eigenen Garten selbst gezogenen Produkten sind einzigartig. Zudem besitzt man die Gewissheit, dass die Erzeugnisse gesund und ohne Pestizide gewachsen sind, denn als Gärtner hat man den gesamten Prozess von der Aussaat bis zur Ernte unter Kontrolle.

Wir sind überzeugt, dass das Anpflanzen von eigenem Gemüse, Obst und Kräutern dazu führt, dass wir sorgsamer mit der Natur, der Umwelt und der Nahrung umgehen. Durch das eigene Tun erkennen wir die ursprüngliche Natur unserer Nahrung wieder und erleben, dass es kaum etwas Schöneres gibt, als Essen mit Familie und Freunden zu teilen. Die praktische Seite daran ist, dass Lebensmittel aus dem eigenen Garten das frischeste, wohlschmeckendste, nahrhafteste und ökologisch sinnvollste Gut sind, das uns zur Verfügung steht. Gleichzeitig leisten wir durch die gelebte Nachhaltigkeit einen wichtigen Beitrag zu einer lebenswerten Zukunft.

EINFÜHRUNG

Als meine Frau Frances und ich uns vor Jahren in Irland kennenlernten, hatten wir dasselbe Ziel: ein gutes, glückliches und naturnahes Leben zu führen. Seit fünfunddreißig Jahren pflegen wir nun den uns anvertrauten Garten im Appenzellerland. Ursprünglich wuchsen hier auf fast tausend Meter Höhe nur einige wenige Pflanzen. In der Zwischenzeit haben wir etwa hundertzwanzig verschiedene Heil- und Küchenkräuter, herrliches Gemüse, historische Duftrosen, Wildblumen und eine Vielzahl von Früchten und alten Apfelsorten angepflanzt.

Wir haben den Garten in gewissem Sinne wohnlich gemacht. Nicht alle alten, abgestorbenen Bäume haben wir durch neue ersetzt, sondern einige als Klettergerüst für Ramblerrosen und Clematis stehen lassen. Der Garten ist zu einem erweiterten Lebensraum geworden. Vor zwanzig Jahren, an unserem fünfzehnten Hochzeitstag, haben wir fünfzig alte Obstbaumsorten neu gepflanzt, die jetzt üppig tragen. Um das Haus haben wir bunte Blütenpflanzen wie Magnolien, Lavendel, Schneeball, Federgras, Gewürzfenchel und Staudenschnittlauch gesetzt. Den Wänden, Säulen, Bögen und Gartenzäunen haben wir mit Geißblatt und Kletterrosen ein wunderbares Blütengewand verpasst. Als Kontrast wiegen sich im Insektengarten Ziergräser sanft im Wind und vermitteln eine Atmosphäre von Leichtigkeit und Ruhe. Hier wirken die Bodendeckerrosen in Kombination mit Rhabarber, Basilikum, Currykraut, Lavendel und Thymian erfrischend und verströmen einen Hauch mediterranes Lebensgefühl. Im Kräutergarten duften unsere Lieblinge um die Wette. Vor allem Minze und Basilikum haben es uns angetan. Neben der Sorte Spearmint, englischer und marokkanischer Minze, Apfel- und Schokoladenminze verströmen griechischer, afrikanischer, indischer, thailändischer, italienischer, Orangen- und Zitronenbasilikum ihren betörenden Duft.

»Unglaublich«, sagte eine Wanderin kürzlich, als sie am Garten vorbeispazierte und verzückt auf ein drei Meter hohes, gebogenes Gestänge zeigte. »Sind das tatsächlich Artischocken?« »Ja, das sind Artischocken«, erwiderte ich über den Gartenzaun hinweg. Hier oben am Rand des Waldes, am Rand der Berge, im rauen voralpinen Klima dürften eigentlich keine Artischocken wachsen; sie gehören ans Mittelmeer, wo es warm ist und nach Ferien riecht. Trotzdem gedeihen sie bei uns ebenso wie prächtige Shisopflanzen, Meerrettich und eine Vielzahl wunderbar duftender Heil- und Küchenkräuter. Da staunt der Gartenlaie und beißt genüsslich in ein Shisoblatt, das leicht nach Minze schmeckt und in der japanischen Küche als Tee und zum Würzen verwendet wird. Wir versuchen so zu gärtnern, dass auch scheinbar unmögliche Dinge möglich werden.

ENTSPANNT GÄRTNERN

Die Auswahl der richtigen Pflanzen spielt eine grundlegende Rolle beim entspannten Gärtnern. Langjährige, widerstandsfähige Gewächse erfordern weniger Aufmerksamkeit als exotische Pflanzen. Winterharte, an unser Klima gewöhnte Stauden kommen mit dem Wetter besser zurecht und sind deshalb pflegeleichter. Bei Bäumen und Sträuchern sind Sorten zu bevorzugen, die ohne regelmäßigen Schnitt am besten wachsen. Daneben gibt es noch einige Tricks, die helfen, die Gartenarbeit auf ein Minimum zu beschränken: Bodendecker oder Mulch halten den Boden feucht, sind ein bewährtes Mittel gegen die Verbreitung von Unkraut und fördern die Entwicklung von Bodenmikroorganismen. Doch dazu später mehr.

Luxus heißt für uns, mehr Zeit zu haben, mehr Ruhe, mehr Raum und mehr Natur um uns herum.

Bei uns wird wenig gedüngt und bewässert, nicht etwa aus Faulheit, sondern weil das in unseren Breitengraden die meiste Zeit über nicht nötig ist. Wenn man dem Rasen nicht wöchentlich eine Vollrasur verpasst, trocknet er auch nicht so schnell aus.

Ein Garten, in dem man sich wohl fühlt, entsteht natürlich nicht dadurch, dass man nur in der Hängematte liegt. Ein Minimum an Pflege braucht jeder Garten. Doch der passionierte Gärtner empfindet die körperliche Anstrengung nicht unbedingt als Belastung. Im Gegenteil: Die Bewegung an der frischen Luft, das Hacken, Graben, Pflanzen und Ernten kann meditativ auf die Seele wirken. Wir behaupten sogar, dass nichts so entspannend und heilsam wirkt wie ein Tag im Garten. Vorausgesetzt, man geht mit der nötigen Gelassenheit ans Werk!

< Wir wässern grundsätzlich am frühen Morgen, damit die Pflanzen während des Tages abtrocknen können. Wässern am Abend zieht Schnecken an, die sich dann nachts über die Jungpflanzen hermachen.

ERFAHRUNGEN SAMMELN

Der Garten ist ein Raum zur Selbstverwirklichung. Selbst ein kleiner Schrebergarten kann kreativ und inspirierend sein. Im Garten lassen sich kühne Ideen säen und pflanzen – und bei Nichtgefallen wieder ausgraben und kompostieren. Während aus mehr oder weniger talentierten Malern selten ein Monet oder Bonnard wird, graben, schnipseln und pflanzen sich Laiengärtner im Laufe der Jahre oft in die Liga der Gartenkünstler. Ein Garten ist nicht nachtragend. Er verzeiht Erziehungs- und Behandlungsfehler. Manchmal blüht er dadurch sogar in ungeahnter Weise auf.

DIE NATUR BEOBACHTEN

Eine wichtige Grundlage unserer Herangehensweise besteht darin, die Natur zu beobachten, so wenig wie nötig einzugreifen und wirklich erst dann, wenn sie sich nicht mehr selbst zu helfen weiß. Wir leben nach dem Prinzip: Die Natur braucht den Menschen nicht, sie reguliert sich selbst. Um den geografischen und klimatischen Gegebenheiten Rechnung zu tragen, gilt es, die richtigen Pflanzen zu wählen, zudem Pflanzen, die Insekten, Bienen, Hummeln, Schmetterlingen und Vögeln ein blüten- und nektarreiches Umfeld bieten, denn sie alle leisten einen immensen Beitrag zur natürlichen Fauna und Flora. Die Natur bietet uns mit diesen Helfern im Garten eine hochmotivierte, bereitwillige und gratis arbeitende Einsatztruppe. Wir müssen lediglich dafür sorgen, unseren eifrigen Helfern die richtige Umgebung zu bieten. Dann werden Marienkäfer die Pflanzen von unliebsamen Läusen befreien und Igel den gefräßigen Schnecken den Garaus machen.

Das alles mag im ersten Moment kompliziert klingen. Doch keine Sorge. Dieses Buch führt Sie Schritt für Schritt durch die vier Jahreszeiten und zeigt Ihnen ganz praxisnah, wie Sie mit der lässigen, cleveren und proaktiven Haltung des »Lazy Gardening« viel erreichen können. Basierend auf unserer langjährigen Erfahrung, bekommen Sie eine Fülle wertvoller Tipps und Tricks, die Ihnen zeigen, wie alles viel leichter und wirkungsvoller von der Hand geht. Und Sie werden entdecken, welch enorme Lebensqualität gartenfrisches Gemüse und selbst gezogenes Obst darstellen, von der Kostenersparnis ganz zu schweigen. Dieses Buch ist eine Anleitung zu stressfreiem, entspanntem Gärtnern und zeigt die enormen gärtnerischen Möglichkeiten, die jeder einzelne in seinem eigenen kleinen Refugium hat.

JETZT KANN ES LOSGEHEN!
GARTENWISSEN IN KÜRZE

GEDULD BRINGT ROSEN

Wer sich für das Biogärtnern entscheidet, muss bereit sein, umzudenken. Bodenpflege, Kompostbewirtschaftung, Düngung, Mischkulturen und alle nützlichen Helfer aus dem Tier- und Pflanzenreich müssen einbezogen werden. Das Gärtnern mit der Natur erfordert die Bereitschaft, ständig zu beobachten, dazuzulernen und neue Erkenntnisse anzunehmen. Bei der Umstellung vom konventionellen auf das biologische Gärtnern stellt sich die Harmonie zwischen Boden, Pflanzen und Tieren meist nicht sofort ein. Oft gilt es, geduldig zu sein, ja manchmal sogar zusehen zu müssen, wie eine Läuseplage die Pflanzen heimsucht – so lange, bis sich das natürliche Gleichgewicht schließlich einstellt. Ich kann mich noch gut an unsere gärtnerischen Anfänge erinnern, als wir solche Rückschläge erleiden und durchstehen mussten. Doch nach und nach ist es uns gelungen, Nützlinge anzusiedeln und immer mehr von der Natur zu lernen. Mein Großvater sagte immer, dass es gut und gerne sieben Jahre dauern könne, bis ein Garten nach der Umstellung im Gleichgewicht sei. In der ersten Zeit kann es bei den Pflanzen zu regelrechten »Entzugserscheinungen« kommen; mit Rückschlägen muss gerechnet werden. Als Gärtner ist man gut beraten, ruhig Blut zu bewahren.

BIOLOGISCHES GLEICHGEWICHT

In einem gut funktionierenden Naturgarten herrscht ein biologisches Gleichgewicht. Boden, Mikroorganismen, Insekten, Tiere und Pflanzen befinden sich in einem ausgewogenen und aufeinander abgestimmten Verhältnis zueinander. Mit der Zeit bildet sich ein vielseitiges Zusammenspiel heraus: Abbau und Aufbau, Gesundheit und Krankheit halten sich die Waage. Die Natur reguliert sich selbst. Ein Garten, in dem sich das Leben naturgemäß abspielt, ist ein ökologisches System, in dem es nichts zu bekämpfen gibt. Nützlinge werden gefördert, denn sie helfen mit, Krankheiten und Parasiten in Grenzen zu halten. Wir haben die Erfahrung gemacht, dass Schädlinge zuerst diejenigen Pflanzen befallen, die Wachstumsstörungen aufweisen, weil sie eben nicht den richtigen Standort, den richtigen Boden und damit verbunden nicht die richtigen Nährstoffe vorfinden.

Wichtig ist deshalb, bewährte Sorten auszuwählen, die zum gegebenen Klima und zu den vorliegenden Bodenverhältnissen passen. Es gilt außerdem grundsätzlich, auf die Bodengesundheit, sinnvolle Mischkulturen, richtige Pflanzenabstände, genügend Licht und Luft zu achten. All dies sind unverzichtbare Voraussetzungen für ein gesundes, kraftvolles Pflanzenwachstum.

Die Pflege des Immunsystems ist zentral. Das erste Immunsystem ist das der Erde. Ein gesunder und lebendiger Boden ist die Quelle der Fruchtbarkeit. Auf einem gesunden Boden wachsen gesunde Pflanzen für gesunde Menschen.

^ Kamelien sind Frühjahrsboten und verzaubern jeden Garten.

^ > Rondini schmecken ähnlich wie Zucchini oder Kürbis. Wir ziehen sie an Bambusstäben in die Höhe und genießen die Früchte den ganzen Sommer hindurch.

WIE VIEL GEMÜSEGARTEN IST SINNVOLL?

Obst, Gemüse, Beeren und Kräuter sind reich an Mineralstoffen, Vitaminen und Enzymen. Klar, dass wir möglichst viel davon in unserem eigenen Garten anbauen und ernten wollen. Für die Selbstversorgung einer vierköpfigen Familie benötigt man rund 300 Quadratmeter Gartenfläche, bei platzeffizienten Hügelbeeten wie in unserem Garten genügen 200 Quadratmeter. An einem sonnigen Standort ist ein Anbau bis auf eine Höhe von rund 1300 Metern über dem Meeresspiegel möglich, vereinzelt sogar darüber hinaus. Wir haben vor langer Zeit in einer unwirtlichen, Wetter und Wind ausgesetzten Lage im Engadin auf 1800 Metern über dem Meeresspiegel viele Jahre lang erfolgreich einen Gemüsegarten unterhalten, indem wir ein den Pflanzen zuträgliches Mikroklima geschaffen haben. Dazu haben wir Hecken als Schutz und Windbrecher angelegt und den Boden um die Pflanzen mit Schieferplatten ausgelegt, die die Tageswärme speicherten und sie abends an die Pflanzen abgaben.

Obwohl wir es heute sein könnten, sind wir keine Selbstversorger. Einen Teil unseres Obst- und Gemüsebedarfs besorgen wir auf dem Bauernmarkt und in lokalen Geschäften. Aber wir haben jedes Mal eine unheimliche Freude an dem wunderbaren Essen, das wir aus selbst gezogenen Erzeugnissen zubereiten können. Wir gärtnern um der Freude des Anbauens willen. Wegen des Vergnügens, das darin liegt, zuzusehen, wie aus Samen Pflanzen und schließlich Früchte und Gemüse werden.

< Zum Gärtnern gehört für uns, mit schönem, handgefertigtem Kupferwerkzeug zu arbeiten und gutes Schuhwerk zu tragen.

Ebenso gerne wie wir gärtnern, kochen wir. Und auch dabei lassen wir uns Zeit. Denn wenn wir unser Gemüse schon selbst anbauen, lohnt es sich auch, die nötige Zeit und die passende Zubereitungsmethode zu finden, um daraus ein Gericht zu kreieren. Es fasziniert uns herauszufinden, wie man das Beste aus dem Gemüse herausholt, auf welche Weise man es in der Küche behandeln muss und welche Gewürze und Zutaten sich besonders eignen.

EIN GUTER START

Ein Biogarten entsteht nicht von heute auf morgen. Schon bei der Planung kann man mit einigen Überlegungen und einfachen Tricks den Grundstein für ein entspannteres Gärtnerleben legen.

BESCHEIDEN PLANEN
Legen Sie den Garten nicht zu groß an. Zwei, drei Gemüsebeete reichen für den Anfang. Denn tägliche kurze und variierende Einsätze bereiten insbesondere Gartenanfängern mehr Freude als tagelange monotone Arbeiten.

THINK SMALL
Keine zu großen Bäume und Sträucher pflanzen, die ständig Blätter verlieren oder aufwendig zurückgeschnitten werden müssen, wie zum Beispiel Bambus oder Kirschlorbeer. Ideal sind klein bleibende heimische Wildgehölze und gemischte Hecken, die Tieren und Insekten Lebensraum bieten.

KEINE FREIFLÄCHEN
Wie alle Pflanzen braucht auch Unkraut Licht. Deshalb wächst es überall dort, wo keine geschlossene Pflanzendecke existiert. Mit einer dichten Mischung aus Stauden, Bodendeckern und kleinen Gehölzen kann man der Ausbreitung von Unkraut vorbeugen.

BLUMENWIESE STATT RASEN
Wer kein Golfturnier veranstalten will, kann auf einen Zierrasen verzichten, der nach wöchentlicher Rasur schreit. Eine Blumenwiese muss nicht vertikutiert und gedüngt und nur selten gemäht werden. Außerdem zieht sie willkommene Schmetterlinge und Insekten an. Im Fachhandel sind viele unterschiedliche Wildblumenmischungen erhältlich.

> Es ist für uns ein unschätzbarer Luxus, in den Garten gehen zu können, Gemüse und Kräuter zu ernten und dreißig Minuten später auf dem Tisch zu haben. Nach der Maxime: schnell, effizient, kostengünstig und nachhaltig.

NUSSBAUM STATT PALMEN
Als Faustregel gilt: Je exotischer die Gartenbewohner, desto pflegeintensiver sind sie. Wer auf heimische Pflanzen setzt, hat weniger Arbeit. Zudem werden sie dankbar von Insekten, Vögeln und anderen Kleinlebewesen aufgesucht und bieten ihnen ideale Lebensbedingungen.

AUSDAUERNDE PFLANZEN
Wählen Sie ausdauernde Pflanzen wie mehrjährige Stauden, die sich in jedem Frühling von selbst wieder aufs Neue entwickeln. Sie bilden gemeinsam mit Gehölzen das dauerhafte Grundgerüst des Gartens. Auch bei Blumenzwiebeln gibt es solche, die im Boden bleiben, naturnah verwildern und immer mehr werden, zum Beispiel Krokusse und Wildtulpen.

WINTERHARTE KRÄUTER
Auch frostbeständige, mehrjährige Kräuterarten wie Liebstöckel, Minze, Salbei, Thymian und Schnittlauch können in die Grundbepflanzung einbezogen werden. Legen Sie ein Kräuterbeet nahe der Küche an, damit die benötigten Kräuter immer schnell zur Hand sind. Ein solches Beet erfordert kaum Pflege, sieht ästhetisch aus und sorgt durch tägliche Verwendung der Kräuter für die Gesundheit.

Machen Sie es sich zur Gewohnheit, bei Ihrem Aufenthalt im Garten keine Uhr zu tragen, sondern entschleunigen Sie! Der Garten soll ein Ort der Entspannung und der Muße sein.

DER BODEN

Ob Gemüse, Obst oder Kräuter: Der Boden ist der Lebensraum, auf und in dem unsere Pflanzen gedeihen. Seine Qualität ist entscheidend für die Gesundheit unserer Pflanzen und eine reiche Ernte. Ein gesunder Boden ist die Grundlage jeglichen Wachstums. In ihm sind Luft, Wasser, Nährstoffe und Bodenorganismen enthalten. In einem gesunden Boden funktioniert dieses komplexe Zusammenspiel, und er ist gegenüber äußeren Einflüssen immun.

Durch Schadstoffansammlungen, andere Umwelteinflüsse sowie falsche Behandlungsmethoden kann die Nährstoffaufnahme der Pflanzen behindert oder gar blockiert werden. Die Folge davon sind gestresste Pflanzen; ihr Immunsystem wird geschwächt und sie sind anfälliger gegenüber Krankheiten und Schädlingen.

JETZT KANN ES LOSGEHEN 21

> Mischkulturen sind viel weniger anfällig auf Schädlinge und Krankheiten als Monokulturen. Gemüse und Kräuter unterstützen sich gegenseitig und halten mit ihrem Duft Schädlinge ab.

BODENARTEN

Wir unterscheiden zwischen humosem Lehmboden, Sandboden und Tonboden.

Lehmboden: Ein humoser Lehmboden setzt sich aus Tonmineralien und etwa gleich viel Sand und Steinen zusammen. Je nach Tongehalt fühlt er sich rau und mehr oder weniger klebrig an. In feuchtem Zustand lässt er sich kneten. Ist der Lehmboden trocken, kann man die Erdschollen relativ leicht mit der Hand zerbröckeln. Lehmboden ist ein idealer Gartenboden, weil er Nährstoffe und Wasser langfristig speichert. Die Tonmineralien sorgen für einen ausgeglichenen pH-Wert. Dieser Boden ist meist gut bearbeitbar, durchlässig und durchlüftet. Der humose Lehmboden ist ein tätiger Boden, seine Aktivität ist sehr hoch. Das Bodenleben kann sich hier optimal entwickeln, was für den Humusaufbau sehr wichtig ist und damit auch die Fruchtbarkeit des Bodens fördert.

Sandboden: Sandiger Boden ist rau, die einzelnen Körner sind gut sichtbar. Im feuchten Zustand zerbröckelt er. Der Boden ist nicht knetbar und nicht plastisch. Das Wasser- und Nährstoffhaltevermögen ist meist schlecht. Dies führt dazu, dass häufiger gewässert werden muss und die Pflanzen gerne »aufschießen«. Andererseits sind Sandböden leicht zu bearbeiten. Sie erwärmen sich schnell, kühlen aber auch rasch wieder aus. Die Aktivität des Bodens ist mäßig und muss in den meisten Fällen durch die Zufuhr von organischem Material zur Humusbildung verbessert werden.

In einem gut funktionierenden Naturgarten herrscht ein biologisches Gleichgewicht. Boden, Mikroorganismen, Insekten, Tiere und Pflanzen befinden sich in einem ausgewogenen Verhältnis zueinander.

>> Links: Eibisch
Rechts: Clematis

Tonboden: Der Tonboden ist in feuchtem Zustand sehr gut knetbar und klebrig. In trockenem Zustand zeigt er sich hart und schwer bearbeitbar. Er verdichtet rasch. Tonböden haben ein gutes Wasser- und Nährstoffhaltevermögen, brauchen im Frühjahr aber relativ viel Zeit, bis sie sich erwärmen. Die Bodenbearbeitung erfordert auf Grund der Klebrigkeit meist einen hohen Kraftaufwand. Die Bodenaktivität ist meist eher mäßig, sodass es sich empfiehlt, organisches Material und Sand einzuarbeiten.

PH-WERT

Jeder Boden weist einen bestimmten Säuregrad auf, den man auch pH-Wert nennt. Je nach Wert sprechen wir von sauren, neutralen oder alkalischen Böden. Der pH-Wert hat einen bedeutenden Einfluss auf das Pflanzenwachstum. Mit einem Testset aus dem Gartenfachhandel lässt sich der pH-Wert des Gartenbodens ganz einfach selbst messen. Bei einem pH-Wert von 0 bis etwa 7 spricht man von saurem Boden. Der neutrale Bereich liegt um 7 (etwa 6,8 bis 7,2). Bei einem pH-Wert über 7,2 spricht man von einem alkalischen Boden.

Viele heimische Kulturpflanzen lieben einen pH-Wert im neutralen Bereich. Ist der Boden zu sauer, wachsen kalkliebende Pflanzen wie die meisten Gemüse nur mangelhaft. Hingegen gedeihen in sauren Böden Pflanzen wie Rhododendron und Heidelbeeren bestens. Ein saurer Boden kann mit kalkhaltigen Gesteinsmehlen neutralisiert werden. Ein eher alkalischer Boden lässt sich mit sauer wirkenden Beerendüngern ausgleichen.

BODENBEARBEITUNG

Frühling: Im Frühling lockern wir den Boden mit dem Kräuel (Vierzahn) oberflächlich auf. Die Erde wird aber nicht gewendet, um die Winterfeuchtigkeit zu erhalten und die natürlichen Schichtungen nicht durcheinanderzubringen. Kompost wird nur oberflächlich eingearbeitet.

Sommer: Im Sommer lockern wir den Boden mehrmals wöchentlich mit der Pendelhacke und dem Kräuel (Vierzahn), damit das Erdreich atmen kann. Durch das Lockern öffnen wir die »Kapillaren« und sparen somit Wasser. Ein Sprichwort sagt: Dreimal gelockert ist einmal gewässert. Auch Zeit sparen wir ein, da Unkraut dadurch erst gar nicht zum Keimen kommt und wir kaum noch jäten müssen.

Herbst: Im Herbst jäten wir, lockern den Boden behutsam mit der Stechgabel, ohne umzugraben, und decken die Beete mit Kompost, strohigem Mist oder Strohhäcksel ab. Bis im Frühjahr leisten dann die Mikroorganismen gute Arbeit und bauen das Mulchmaterial ab.

BODENLEBEWESEN

Der Boden ist Lebensraum von Bakterien, Algen und Pilzen ebenso wie von Tausendfüßlern, Insekten, Regenwürmern, Mäusen, Maulwürfen und vielen weiteren Kleinlebewesen. Sie alle sorgen dafür, dass vorhandene Pflanzenreste abgebaut und in nährstoffreichen Humus verwandelt werden. Dabei schließen sie Nährstoffe auf, speichern sie und geben sie an die Pflanzen weiter. Die kleinen Helfer lockern den Boden, gewährleisten eine gute Drainage (Wasserdurchlässigkeit) und Durchlüftung. Ohne Bodenleben gibt es keinen Humus – und ohne Humus keine dauerhafte Fruchtbarkeit.

Einer der wichtigsten Arbeiter im Boden ist der Regenwurm. Er kann mehr als zehn Zentimeter lang werden und lebt vor allem in der obersten Bodenschicht, kann sich aber auch bis zu einem Meter tief graben. Pro Jahr frisst er etwa 250-mal sein Körpergewicht. Bei der Nahrungsaufnahme zieht der Regenwurm Pflanzenreste in den Boden und verwandelt diese zusammen mit mineralischen Teilen zu fruchtbarer Erde. Der von ihm produzierte Kot enthält wichtige Nährstoffe. Wurmkot hat bis zu fünfmal mehr Stickstoff, siebenmal mehr Phosphor, elfmal mehr Kali, zweimal mehr Kalzium und sechsmal mehr Magnesium als der normale Gartenboden. Durch die röhrenförmigen Gänge, die der Regenwurm im Erdreich hinterlässt, verbessert sich die Wasser- und Luftzirkulation in der Erde. Überschüssiges Wasser kann durch die Röhren rasch versickern; Pflanzenwurzeln können die Gänge durchwachsen und dabei die pflanzenverfügbaren Nährstoffe leicht aufnehmen. Je mehr Regenwürmer ein Boden aufweist, desto höher ist die Bodenqualität.

TIPPS ZUR FÖRDERUNG DES BODENLEBENS

Mit einigen einfachen Maßnahmen kann man den unverzichtbaren Bodenlebewesen ein ideales Umfeld bereiten.

- Die Bodenfeuchte durch Bodenbedeckung (Mulchen) regulieren und so ein Austrocknen des Erdreichs vermeiden.
- Den Boden behutsam lockern und belüften, ohne ihn zu wenden.
- Den Boden mit organischer Substanz wie Kompost und Gründüngungen anreichern.

GRÜNDÜNGUNG

Unter Gründüngung versteht man den Anbau von Pflanzen zur Bodenverbesserung. Die Aussaat einer Gründüngung ist eine natürliche Möglichkeit, den Boden zu schützen und die Bodenfruchtbarkeit zu erhalten. Gründüngungspflanzen durchwurzeln den Boden und lockern tiefe Bodenschichten. Sie reichern den Boden mit Humus an und verhindern das Auswaschen der Nährstoffe. Die ständige Bepflanzung hält die Bodenoberfläche feucht und locker,

Gründüngungspflanzen halten den Boden fit, unterdrücken Unkraut und ersparen viel Jätarbeit. Zudem ziehen sie Hummeln, Bienen und Schmetterlinge an, die für die Bestäubung unentbehrlich und damit für den Ertrag maßgebend sind. Das ist gleichzeitig ein wichtiger Beitrag zum Umweltschutz.

^ Zu den wichtigsten Helfern im Garten zählen die Regen- und Kompostwürmer. Sie verarbeiten große Mengen an organischem Material und liefern dabei hochwertigen Dünger in Rekordzeit.

unterdrückt die Entwicklung von Unkraut, verhindert Erosion und fördert die Bodentätigkeit.

Gründüngungspflanzen reichern den Boden mit Stickstoff an, wenn sie Leguminosen enthalten, und begünstigen durch die Schattenwirkung den Start von Neupflanzungen oder Aussaaten im Sommer.

Wir arbeiten zu diesem Zweck meist mit nicht winterharten, einjährigen Pflanzen wie Ackerbohnen, Bitterlupinen, Erdklee, Ringelblumen und vor allem der Bienenweide. Wichtig ist, dass die Gründüngungspflanzen als Zwischensaaten nicht mit den Kulturpflanzen in Konkurrenz treten. Die Gründüngungspflanzen werden von uns nicht geerntet, sondern geschnitten und als Mulch liegen gelassen beziehungsweise leicht in den Boden eingearbeitet.

MULCHEN

Das Mulchen ist ein fester und unverzichtbarer Bestandteil im Biogartenbau; es unterstützt den Garten und den Gärtner in vielerlei Hinsicht. So schützt eine Mulchschicht die Bodenoberfläche vor Regen, Sonne, Schnee, Frost und Erosion. Der Boden trocknet im Sommer weniger schnell aus, es muss weniger gewässert werden, was zum einen Arbeit spart und zum anderen auch ein wichtiger ökologischer Aspekt ist. Außerdem wird die Unkrautbildung vermindert, denn ohne Licht und Luft gedeihen nicht einmal unliebsame Unkräuter.

‹ Wir halten uns nicht gerne an Vorgaben und Saatkalender, sondern arbeiten seit Jahren nach dem Lustprinzip. Wenn wir zu etwas Lust haben, die Arbeit mit Freude und Begeisterung erledigen, geht alles viel schneller und leichter. Wir sind dann in einem Flow-Zustand.

Vor dem Mulchen muss der Boden immer gelockert und gejätet werden. Als Mulchmaterial eignen sich:
- Angetrockneter Rasenschnitt
- Geschnittenes Stroh
- Gründüngungspflanzen
- Laub, Holzhäcksel oder -schnitzel (bei säureliebenden Pflanzen wie zum Beispiel Heidelbeeren)

Die Mulchschicht sollte nicht dicker als 1 bis 2 cm sein, da sonst der Boden nicht mehr atmen kann und es zu Fäulnisbildung kommt. Ein Nachteil des Mulchens besteht darin, dass Schnecken gerne ihre Eier unter der Mulchschicht ablegen. Hier hilft nur ständige Kontrolle und nötigenfalls behutsames Wenden der Mulchschicht, sodass die Eigelege nach oben gelangen und austrocknen.

PFLANZENSCHUTZ

Schädlinge und Krankheiten bedrohen die Gesundheit unserer Pflanzen; sie schränken Gedeihen und Ernte oft stark ein (siehe auch Anhang, Seite 208). Unter Pflanzenschutz versteht man alle Maßnahmen, die Pflanzen gesund halten bzw. heilen. Im Biogarten haben Pestizide, Fungizide und Herbizide nichts verloren.

Beim Pflanzenschutz ist im Biogarten vorbeugendes Handeln von besonderer Bedeutung. In dem von uns über viele Jahre gepflegten Garten haben wir mit folgenden Maßnahmen gute Erfahrungen gemacht:
- Einhalten einer Fruchtfolge, siehe Seite 41
- Anbau von Mischkulturen, siehe Seite 38
- Einsaat von Gründüngungen auf Brachflächen
- Schonende Bodenbearbeitung (kein Wenden des Bodens) zur Förderung eines gesunden Bodenlebens
- Wahl robuster biologischer Pflanzensorten
- Förderung von Nützlingen

VIELFALT UND NÜTZLINGE
Ein vielfältiger Garten mit Blütensträuchern, Stauden, Beeren, Gemüse und verschiedenen Blumen bietet einen abwechslungsreichen Lebensraum und fördert Nützlinge. Gezielt fördern kann man Nützlinge außerdem durch Anbringen von Schlupf- und Nistmöglichkeiten, vor allem für Ohrwürmer, Meisen, Fledermäuse, Marienkäfer und Igel.

∧ Rhabarber ernten wir von Anfang April bis zum Johannistag (24. Juni). Danach bilden die Pflanzen zu viel Oxalsäure und sind für den Verzehr nicht mehr zu empfehlen.

BEETARTEN, TUNNEL UND VLIES

FRÜH- ODER TREIBBEET

Das Früh- oder Treibbeet ist eine wertvolle Einrichtung, die in keinem Garten fehlen sollte. Es ist sozusagen das Herz des Kleingartens, denn man kann damit schon im zeitigen Frühjahr erste Aussaaten vornehmen.

Das Frühbeet sollte sich an einer sonnigen Lage in Hausnähe befinden und gut zugänglich sein. Man kann ein solches Beet fertig im Gartenfachhandel kaufen oder selbst bauen.

Wir verwenden dazu Lärchenholzriemen von 6 cm Stärke, 30 cm Höhe und etwa 4 bis 5 m Länge. Als Beetbreite hat sich ein Maß von 1,2 bis 1,5 m bewährt, sodass man bequem von beiden Seiten bis zur Mitte hin arbeiten kann.

Je nach der gewünschten Höhe des Frühbeets bringen wir auf der einen Seite zwei bis drei Riemen und auf der gegenüberliegenden Seite drei bis vier Riemen an. Die Stabilisierung der aufeinandergesetzten Riemen erfolgt mittels Dachlatten, die wir auf der Innenseite mit den Riemen verschrauben.

Als unterste Schicht geben wir eine Packung von 30 bis 40 cm mäßig gestampften Pferdemist in das Treibbeet und darüber eine etwa 10 cm dicke Schicht Brennnessel- und Beinwellblätter als Starthilfe und Dünger. Das Ganze bedecken wir anschließend mit 10 bis 15 cm guter Gartenerde. Damit sind die besten Voraussetzungen für die Anzucht von Jungpflanzen und später für Tomaten und wärmeliebende Gemüsesorten geschaffen. Bei Letzteren geben wir nach der Pflanzung gleich noch eine Brennnessel- und Beinwellpackung rund um die Jungpflanzen, sodass eine weitere Düngung während der Wachstumsperiode bis zur Ernte praktisch nicht mehr nötig ist.

Als Abdeckung des Frühbeets verwenden wir Fensterglas oder stabilen Hartplastik aus dem Baumarkt oder Gartencenter. Zum Belüften dienen Hölzer aus Dachlatten, die zwischen Abdeckung und Rahmen geklemmt werden. Zum Beschatten an heißen, sonnigen Tagen verwenden wir Schilfmatten oder Vlies aus dem Handel, das auch in Nächten mit Frostgefahr zum Einsatz kommt.

Wie eingangs erwähnt, wird das Treibbeet im Frühjahr hauptsächlich für die Setzlingsanzucht gebraucht. Im Sommer eignet es sich für wärmebedürftige Gemüse wie Tomaten, Gurken oder Paprika (Peperoni). Im Herbst dient es für Feldsalat, Winterportulak und zum Überwintern von Lagergemüse.

Biologisches Gärtnern bedeutet für uns nicht bloß den Anbau von gesundem Gemüse, sondern ist Lebensanschauung, Erfüllung, vielleicht sogar Lebenswerk.

TOMATENHAUS
Für rauere Lagen ist ein Tomatenhaus eine preisgünstige, wirkungsvolle Einrichtung für alle wärmeliebenden Arten wie Tomaten und Gurken, aber auch Paprika und Auberginen.

Tomatenhäuser kann man fertig im Gartenfachhandel kaufen oder aber selbst bauen. Unser Tomatenhaus besteht aus einer leichten Holzkonstruktion. Diese haben wir mit Plastik überdacht und auf drei Seiten eingekleidet; nur die Vorderseite bleibt offen.

FOLIENTUNNEL
Folientunnel werden von uns relativ häufig eingesetzt, um Früh- und Spätkulturen vor extremen Witterungseinflüssen zu schützen. Sie bestehen aus einem Drahtgestell und Kunststofffolie, halten Wind und Schnee fern und lassen sich schnell und einfach aufstellen. Sie sind stabil, mehrfach verwendbar, preisgünstig und in der Größe flexibel, sodass sie dem Gartenbeet angepasst werden können.

Zum Schutz vor Vogelfraß kann der Tunnel statt mit Plastikfolie auch mit Drahtgeflecht oder Netz überdeckt werden. Die Vögel haben es sich in den letzten Jahren fast schon zur Regel gemacht, uns die Erdbeeren, Johannisbeeren und Himbeeren zu stibitzen und junge Erbsen, Bohnen und Zwiebelsetzlinge aus der Erde zu picken, sodass wir als Abwehr gezwungenermaßen zu Folientunnel mit Drahtgeflecht-Abdeckung gegriffen haben. Damit ist Ruhe eingekehrt.

VLIES
Vliese und Schutznetze können direkt über die Pflanzungen gelegt werden und wirken vorbeugend gegen Schädlinge und Vogelfraß.

^ Die Pendelhacke im Einsatz.

< Damit Sommerkräuter wie der wärmeliebende Basilikum gut gedeihen und ihre Düfte und Aromen voll entwickeln können, sollten Beete und Pflanztöpfe eine gute Besonnung haben und nach Süden ausgerichtet sein.

MULCHFOLIEN, MULCHVLIESE, MULCHPAPIER

Diese Hilfsmittel dienen dazu, einer Verunkrautung der Kulturen vorzubeugen, die Erwärmung des Bodens im Wurzelbereich der Pflanzen zu beschleunigen und den Boden feucht zu halten.

Vorgehen: Das Beet pflanzfertig vorbereiten. Mulchfolie oder Mulchvlies über die ganze Fläche ausbreiten und am Rand mit Steinen oder Holzlatten beschweren. Kreuzweise Pflanzlöcher in die Folie schneiden, Setzlinge in die Löcher pflanzen und angießen.

AUSSAAT UND PFLANZEN

SAATGUT

Wir kaufen ausschließlich erstklassiges, biologisches Saatgut im Fachhandel, dies ist eine wichtige Voraussetzung für den späteren Erfolg im Garten. Saatgut muss gesund, sortenecht und rein sein, eine hohe Keimfähigkeit aufweisen und sich für die betreffende Lage eignen. Achten Sie auch auf das Haltbarkeitsdatum. Je frischer das Saatgut, desto besser keimt es. Saatgut sollte kühl und trocken gelagert werden.

AUSSAAT IM FREILAND

Anstatt Setzlinge zu ziehen, können verschiedene Gemüse direkt ins Freiland ausgesät werden, zum Beispiel Spinat, Kresse, Schwarzwurzeln, Karotten, Schnittsalate. Bei der direkten Aussaat säen wir meist in Reihen. Pflegemaßnahmen wie Lockern, Jäten und Vereinzeln sind in der Reihe leichter auszuführen. Eine gleichmäßige und nicht zu dichte Aussaat ist dabei wichtig. Durch Beimischen von Sand kann das Volumen feiner Samen vergrößert werden, wodurch eine

> Jeder Gärtner sollte sein Werkzeug liebevoll behandeln, so wie ein Küchenchef seine Messer pflegt oder ein Musiker sein Instrument.

gleichmäßige Saatdichte erreicht wird. Aufgelaufene, erstarkte Pflanzen werden möglichst frühzeitig ausgedünnt. Frühbeet und Vliesabdeckung beschleunigen vor allem im Frühjahr das Aufkeimen der Saaten.

Folgendes gilt es zu beachten:
- Nie in nasse, schmierige Böden säen.
- Bei trockenem Wetter die Saatrillen vor der Saat angießen.
- Nicht zu dicht säen.
- Die Saattiefe entspricht normalerweise dem Zwei- bis Vierfachen der Samendicke.
- Die Saat dünn mit Erde bedecken.
- Kleine Mengen säen, alle zwei bis vier Wochen nachsäen.
- Aussaaten bis zur Keimung feucht halten.

WEITERE FORMEN DER DIREKTSAAT

- Die Breitsaat eignet sich für Feldsalat, Spinat und für Gründüngungen. Hier wird flächig ausgesät.
- Die Tellersaat um Stäbe oder Stangen herum bietet sich bei Erbsen und Stangenbohnen an. Dabei werden die Samen kreisförmig um Stangen gesät, um die Pflanzen später an diesen hochzuziehen.

BEETE EINTEILEN UND VORBEREITEN

Unsere Gartenbeete haben meist eine Breite von 1,2 m. Das ermöglicht es uns, bequem von beiden Seiten bis in die Mitte zu säen und zu pflanzen, ohne auf das Beet zu treten und damit den Boden unnötig zu verdichten. Die Länge richtet sich nach den Gegebenheiten. In unserem Fall sind die Beete 10 bis 15 m lang. Wahrscheinlich müssen die meisten Gärtner mit kürzeren Beeten vorlieb nehmen. Die Zwischenwege sollten nicht zu schmal sein, damit man mit einer Schubkarre bequem durchgehen kann. Unsere Wege haben meist eine Breite von 50 bis 60 cm.

GARTENMATERIAL

Wir haben es uns angewöhnt, gleich alles Material in der Schubkarre mitzunehmen, um das Beet zu bestellen.

In der Regel brauchen wir dazu Folgendes: Saatgut, Pflanzen, Kräuel (Vierzahn), Rechen, Schaufel, Messlatte, Gießkanne, Gartenschnur, Etiketten, Bleistift, Dünger, Setzholz und Handspaten.

SO FUNKTIONIERT DAS SÄEN
- Das Beet mit Gartenschnüren ausmessen.
- Den Weg fixieren, bei grobscholligem Boden Wege schaufeln, bei feiner Bodenkrume Wege treten.
- Die Gartenerde mit dem Kräuel (Vierzahn) behutsam durchharken.
- Bei Bedarf Kompost und etwas organischen Dünger einarbeiten.
- Die zu bepflanzenden oder zu besäenden Reihen mit Gartenschnur markieren.
- Mit dem Kräuel (Vierzahn) die Saat- und Pflanzrillen ziehen.
- Aussäen (siehe Seite 33).
- Wenn die Erde feucht genug ist, kann direkt in die Saatrille gesät werden. Ansonsten zuerst angießen, dann säen. Mit dem Rechen die Saatrille nach dem Säen leicht zuziehen und etwas andrücken. Anschließend beschriften wir die Saat, indem wir Etikettenhölzchen in die Beete stecken.

PFLANZEN
Gepflanzt wird in einen gut vorbereiteten Boden, mit einer Handschaufel oder einem Setzholz. Die günstigste Tageszeit zum Pflanzen ist der Abend, damit die Pflanzen nicht gleich dem Licht ausgesetzt sind und sich über Nacht erholen können. Sparsam wässern, da sonst Schnecken angezogen werden und sich über die zarten Jungpflanzen hermachen.

PFLEGE

AUSDÜNNEN
Zu dicht stehende Direktsaaten müssen nach dem Aufkeimen ausgedünnt werden.

LOCKERN
Die Erde zwischen dem gepflanzten Gemüse soll während des Wachstums öfter mit dem Kräuel (Vierzahn) oder der Pendelhacke oberflächlich gelockert werden. Das verhindert die Verunkrautung und eine übermäßige Wasserverdunstung. Dreimal lockern ersetzt einmal gießen.

ANHÄUFELN
Unter Anhäufeln versteht man das gleichmäßige Anschütten von Erde rund um die Jungpflanzen. Angehäufelt werden Kopfkohlarten, Blumenkohl, Brokkoli, Erbsen, Bohnen und Kartoffeln. Damit werden Wurzelbildung und Standfestigkeit gefördert und so letztlich der Ertrag gesteigert. Lauch, Stangensellerie und Knollenfenchel werden durch das Anhäufeln gebleicht und dadurch zarter.

> Lupinen sind nicht nur dekorativ, sondern reichern den Boden auch mit Stickstoff an und verbessern durch ihre Wurzelbildung die Bodenqualität bei verdichteten Böden. Zudem ziehen sie Bienen, Hummeln und Schmetterlinge an.

∨ Tägliches kurzes proaktives Aufkratzen und Durchlüften der Beete erspart stundenlanges mühsames Jäten. Auf diese Weise hat das Unkraut keine Chance.

AUFBINDEN

Aufgebunden werden rankende Pflanzen, die einer Stütze bedürfen, wie Erbsen, Stangenbohnen und Tomaten. Die Stützen werden gleich beim Setzen der Jungpflanzen bzw. schon vor der Aussaat (Telleraussaat) aufgestellt, sodass man die Pflanzen regelmäßig während des Wachstums mit Bast oder Schnur aufbinden kann.

GIESSEN

Da Gemüsepflanzen im Allgemeinen wasserbedürftig sind, sollten bei den Beeten Wasseranschlüsse vorhanden sein, idealerweise so verteilt, dass kein zu langer Gartenschlauch benötigt wird oder zu lange Wege mit der Gießkanne zurückgelegt werden müssen. Wasserbedürftige Pflanzen wie Kopfsalat, Blumenkohl, Kohlrabi, Kürbisse und Tomaten müssen bei uns zweimal wöchentlich, in niederschlagsärmeren Gegenden öfter gegossen werden. Wichtig ist es, direkt auf den Wurzelbereich zu gießen und nicht die ganze Pflanze zu bespritzen, da sich auf feuchten Blättern leicht Pilzbefall und Fäulnis ausbreiten können. Außerdem zieht Feuchtigkeit Schnecken an. Gegossen wird früh morgens, damit die Pflanzen über den Tag abtrocknen können.

DÜNGEN

Organische Dünger: Im Erdreich bauen die Bodenorganismen die organischen Düngemittel wie Mist, Kompost, Horn-, Knochen- und Blutmehl in eine für die Pflanzen verfügbare Form um. Seit den BSE-Skandalen und damit verbundenen Themen wie Rinderwahnsinn verzichten wir bewusst auf Horn-, Knochen- und Blutmehl und arbeiten hauptsächlich mit unserem eigenen Milchschafmist, Kompost, Pflanzenauszügen sowie einigen von uns erprobten Stärkungsmitteln.

Organische Dünger wirken im Allgemeinen langsam und erst bei genügender Bodenwärme und Bodenfeuchtigkeit. Sie werden dafür weniger ausgewaschen und fördern das Bodenleben.

Mineralische Dünger (anorganische Dünger): Man unterscheidet zwischen Gesteinsmehl und Mineraldünger. Gesteinsmehle wirken langsam und werden im Herbst oder im frühzeitigen Frühjahr ausgebracht. Urgesteinsmehle enthalten Magnesium, Spurenelemente und wenig Kalzium; Kalksteinmehl ebenfalls Magnesium und Spurenelemente, dazu aber viel Kalzium.

Mineraldünger sind leicht lösliche Salze, die aus mineralischen Rohstoffen chemisch aufgeschlossen oder wie der Stickstoff durch Synthese aus der Luft gewonnen werden. Als Dünger stehen sie der Pflanze sehr schnell zur Verfügung. Durch ihre leichte Löslichkeit und hohe Konzentration können sie sehr aggressiv wirken oder bei hohen Gaben mit den Niederschlägen leicht in tiefere Bodenschichten ausgewaschen werden, wo sie für die Gartenpflanzen nicht mehr erreichbar sind, sodass trotz Düngung Mangelerscheinungen auftreten können.

MISCHKULTUR

»Pflanzen helfen Pflanzen« ist das Motto der Mischkultur, die unsere Vorfahren schon vor Jahrhunderten praktizierten. Das Prinzip ist, Pflanzen, die sich gut vertragen und gegenseitig in ihrem Gedeihen fördern, Seite an Seite in einem Beet zu kultivieren. Die Pflanzen entziehen dem Boden die einzelnen Nährstoffe in unterschiedlichen Mengen. Indem wir verschiedene Pflanzen nebeneinander anbauen, halten wir das Nährstoffreservoir im Boden in einem gewissen Gleichgewicht und fördern zusätzlich die Gesundheit und die Widerstandsfähigkeit der Kulturpflanzen. Ziel der Mischkultur ist es auch, den Boden optimal zu beschatten, ihn dauerhaft feucht zu halten und allfälligen Schädlingsgruppen möglichst ungünstige Voraussetzungen zu bieten. In der Mischkultur sollen sich die einzelnen Pflanzen nicht nur gut vertragen, sondern sich gegenseitig in ihrem Wachstum und Gedeihen unterstützen.

Durch den Anbau in Mischkultur können wir die Menge der einzelnen Gemüsearten besser regulieren, müssen weniger jäten, da das Unkraut unterdrückt wird, und können den Ertrag wesentlich steigern. Zudem sind Mischkulturen auch für das Auge viel attraktiver als langweilige Monokulturen.

Wie weiter unten beschrieben, ist es auch bei Mischkulturen notwendig, eine Fruchtfolge einzuhalten.

> Unter alte Zwetschgenbäume, die eigentlich der Säge hätten zum Opfer fallen müssen, haben wir historische Duftrosen (Rambler) gepflanzt. Die Bäume dienen den Rosen als Rankhilfe und werden im Mai und Juni von deren wunderbar duftenden Blüten umhüllt.

Die Natur reguliert sich selbst. Sie braucht den Menschen nicht.

^ Wir ernten und nutzen das Gemüse so frisch wie möglich, damit keine wertvollen Vitamine und Mineralstoffe verloren gehen.

SO FUNKTIONIERT DIE MISCHKULTUR

Werden zwei Gemüsearten derselben Familie im gleichen Gartenbeet angebaut, müssen sie durch Zwischenkulturen getrennt werden.

Beispiel: Drei Reihen der Hauptkultur (z. B. Kohlgewächse), dazwischen zwei Reihen der Zwischenkultur (z. B. Spinat und Gründüngung).

Die Fruchtfolge muss eingehalten werden, das heißt im gleichen und im darauf folgenden Jahr nie zwei gleiche Kulturen gleicher Familie nacheinander in dasselbe Beet säen oder pflanzen. Ungünstige Nachbarschaften vermeidet man von Haus aus: Bohnen/Zwiebeln; Kohlgewächse/Zwiebeln; Weißkohl/Tomaten; Tomaten/Erbsen.

In einer Mischkultur sollte nie eine ernsthafte Konkurrenz zwischen der Haupt- und der Zwischenkultur, aber auch nicht zwischen Kulturpflanzen und Gründüngung bestehen.

Reihen- und Pflanzabstände sollten genügend groß gewählt werden. Dies ist grundsätzlich wichtig, denn Pflanzen brauchen Licht, Luft, Wärme und Wasser, um gut gedeihen zu können.

FRUCHTFOLGE

Pflanzen wir mehrere Male hintereinander die gleichen Gemüsearten im gleichen Gartenbeet, werden dem Boden immer dieselben Nährstoffe entzogen. Der Boden laugt aus; man spricht dann von Bodenmüdigkeit. Aufgrund des Nährstoffmangels zeigen sich die Pflanzen geschwächt und anfällig; es kommt leicht zu Krankheits- und Schädlingsbefall. Darum ist es äußerst wichtig, eine Fruchtfolge einzuhalten und mit Mischkulturen zu arbeiten. Je nachdem, wie viele Nährstoffe eine Gemüseart dem Boden entzieht, teilt man sie in Stark-, Mittel- und Schwachzehrer ein. Bei der Fruchtfolge im Dreijahreszyklus wechseln sich Stark-, Mittel- und Schwachzehrer auf drei Beeten ab, sodass sich der Boden im Laufe der Zeit wieder regenerieren und neu mit den entzogenen Nährstoffen anreichern kann. Nach dem dritten Jahr beginnt der Zyklus von Neuem.

DIE DREIJAHRESZYKLUS-FRUCHTFOLGE

	Beet 1	Beet 2	Beet 3
Erstes Jahr	**Starkzehrer** Kohlgewächse Gurken Kartoffeln Lauch/Sellerie Tomaten Kürbis	**Mittelzehrer** Fenchel Zwiebeln Radieschen/Rettich Rote Bete (Randen) Salat Schwarzwurzeln	**Schwachzehrer** Bohnen Erbsen Kräuter Spinat Feldsalat Zwiebeln
Zweites Jahr	**Mittelzehrer** Fenchel Zwiebeln Radieschen/Rettich Rote Bete (Randen) Salat Schwarzwurzeln	**Schwachzehrer** Bohnen Erbsen Kräuter Spinat Feldsalat Zwiebeln	**Starkzehrer** Kohlgewächse Gurken Kartoffeln Lauch/Sellerie Tomaten Kürbis
Drittes Jahr	**Schwachzehrer** Bohnen Erbsen Kräuter Spinat Feldsalat Zwiebeln	**Starkzehrer** Kohlgewächse Gurken Kartoffeln Lauch/Sellerie Tomaten Kürbis	**Mittelzehrer** Fenchel Zwiebeln Radieschen/Rettich Rote Bete (Randen) Salat Schwarzwurzeln

∧ Vorfreude, bevor es draußen wieder losgeht: Prüfung und Einkauf von neuen Gartenutensilien.

DAS RICHTIGE GARTENWERKZEUG

Ein Sprichwort sagt: »Mit dem richtigen Werkzeug ist die halbe Arbeit getan.« Zur Grundausstattung der Gartenarbeit gehören Spaten, Grabgabel, Pendelhacke, Schaufel, Rechen, Handschaufel, Schere und Säge und je nachdem, ob wir einen Rasen haben, auch ein Rasenmäher.

Seit etwa zwanzig Jahren arbeiten wir im Garten mit Kupferwerkzeugen, die in den 1950er Jahren vom Forscher Viktor Schauberger entwickelt wurden. Wir brauchen hauptsächlich Spaten, Grabgabel, Rechen, Pendelhacke, kleine Handschaufel, Scheren und Sense. Gartengeräte aus Kupfer sind ideal für die Arbeit im Gemüse- und Ziergarten, zur Bearbeitung von Hoch- und Hügelbeeten und im Obstgarten. Sie verbinden Funktionalität und Formschönheit. Anders als Eisen oder Stahl – den heute gängigsten Materialien für Gartenwerkzeuge – wirkt sich Kupfer positiv auf die Wasserspeicherfähigkeit des Erdreichs aus und trägt zur Verbesserung der Bodenqualität bei. Wir stellen jedenfalls fest, dass die Pflanzen von Jahr zu Jahr üppiger gedeihen, sich die Bodenstruktur verbessert hat und die Bearbeitung viel leichter von der Hand geht.

Kupfergartengeräte haben zudem den Vorteil, dass sie keine Pflege erfordern, nicht rosten und eine ungleich längere Lebenserwartung als Geräte aus Eisen besitzen. Außerdem ist ihr Einsatz kraftsparender, weil Kupfer einen deutlich geringeren Reibungswiderstand als Eisen oder Stahl hat. Dadurch dringen die Geräte leichter ins Erdreich ein, und es bleibt viel weniger Erde am Gerät kleben. Wissenschaftlich erwiesen sind die Vorteile der Kupfergartengeräte nicht, doch sie machen uns die Arbeit zum Genuss. Wir tragen Sorge zu unserem Werkzeug und behandeln es liebevoll, so wie ein Küchenchef seinen Satz japanischer Messer pflegt oder ein Musiker sein geliebtes Instrument.

WICHTIGE GARTENGERÄTE

Spaten	Stauden teilen, Beetränder stechen, umgraben
Stechschaufel	Gehölze ausgraben und pflanzen, sonst wie der Spaten
Grabgabel	Umgraben, Wurzelgemüse und Stauden ausgraben und teilen
Kräuel (Vierzahn)	Saat- und Pflanzflächen vorbereiten, Kompost und Dünger einarbeiten
Gartenrechen	Anhäufeln, Saaten bedecken und andrücken, Wege rechen
Einzinker	Zwischenräume der Gemüse- und Blumenkulturen lockern
Dreizinker	Bestehende Kulturen lockern
Pendelhacke	Beete flach lockern, heranwachsendes Unkraut entfernen
Gartenschaber	Boden flach lockern, Kulturen anhäufeln, Wege sauber halten
Gartenschaufel	Erde mischen, Kompost umschaufeln, Erdarbeiten im Garten
Mistgabel	Gartenbeete abräumen, Kompost auf- und umsetzen, Mist verteilen
Gießkanne	Aussaaten und Neupflanzungen angießen
Gartenschnur	Beetgröße beim Vorbereiten der Saat- und Pflanzflächen markieren, Saat und Pflanzreihen abstecken
Pflanzkelle, Setzholz	Pflanzen mit größeren Wurzelballen setzen, Lauch pflanzen
Gartenschere	Sträucher, Bäume und Schnittblumen schneiden
Baumsäge	Dickes Holz schneiden und zerkleinern
Schubkarre	Erde, Mist und Kompost transportieren
Pflanzenschutzspritze	Pflanzenschutzmittel ausbringen
Handstäuber	Vorbeugen und Regulieren von Schädlingen und Krankheiten
Pikierstab	Vereinzeln und Umsetzen von Sämlingen

Nichts ist so heilend und wohltuend wie ein Garten. »Die Hochzeit der Seele mit der Natur macht den Verstand fruchtbar und erzeugt die Phantasie.«
Henry David Thoreau

FRÜHLING

Aufbruch ins neue Gartenjahr

Frühling liegt in der Luft. Mit den ersten wärmenden Sonnenstrahlen beginnt für uns die Gartenzeit – für viele Gärtner die schönsten Monate des Jahres. Die Natur ist im Aufbruch, es taut und tropft, Fauna und Flora erwachen. Jetzt heißt es, wieder draußen im Garten tätig zu werden. Die Arbeit mit den Pflanzen an der frischen Luft weckt die Lebensgeister und ist die Basis für mehr Lebensqualität. Die wärmenden Sonnenstrahlen, das frische Grün und der Duft der sprießenden Kräuter und Wildpflanzen auf den Wiesen und im Wald lassen das Herz höher schlagen.

Auf, auf, lasst uns säen!

DIE LIEBE ZUM GÄRTNERN

Mein Großvater war ein passionierter Gärtner. Nicht nur aus Liebe zur Natur hat er einen Garten angelegt, sondern auch weil er seine Familie mit gesunder Nahrung versorgen wollte. Noch heute erinnert mich der Geruch sprießender Kressesamen und der Duft nach dem Gießen der frisch gezogenen Pflanzen im Gewächshaus an meine Kindheit in Großvaters Garten. Jahre später, Vater geworden, griff ich instinktiv wieder zu Löschpapier, um darauf Kresse zu ziehen, setzte mit unseren Töchtern Orangen- und Zitronenkerne in Joghurtbecher und erwartete gespannt, was sich daraus entwickelte.

Jetzt im Frühling säe ich wie ein Verrückter. Mehrmals täglich zieht es mich an sonnigen, warmen Tagen hinaus in den Garten, um zu sehen, was durch die Erde bricht. Wenn wir später das selbst gezogene Gemüse kochen, gibt uns das ein Gefühl von Ganzheitlichkeit, einer extremen Vereinfachung der Nahrungskette und vor allem auch einen großen Respekt vor den einzelnen Zutaten eines Gerichts. Selbst angebautes Obst und Gemüse, eigene Früchte und Kräuter lehren uns, unsere Nahrung besser zu verstehen und ihren Wert zu schätzen.

PLANUNGSSCHRITTE IM FRÜHJAHR

Da die meisten Gartenneulinge vermutlich mit der Arbeit im Frühjahr beginnen, ist es wichtig, zuerst die Beete von Unkraut zu befreien, zu düngen, Kompost auszubringen und die Erde mit einer Hacke gut aufzulockern. Jede Pflanze stellt unterschiedliche Ansprüche an den Boden. Ein Rhododendron braucht einen sauren Boden, der reich an organischen Ablagerungen ist, eine Rose hingegen braucht einen sehr nährstoffreichen Boden.

In groben Zügen erstellen wir ein Gesamtkonzept, in dem wir den Garten in verschiedene Bereiche wie zum Beispiel Rosengarten, Staudenrabatten, Gemüsegarten, Kräutergarten, Obstgarten und in gewünschte Farbkompositionen einteilen.

Der Standort ist wichtig. Was für eine Erde haben wir? Wie ist die Besonnung? Danach richtet sich später die Pflanzenauswahl. Gleichzeitig erstellen wir eine Liste der Lieblingspflanzen und suchen dazu passende Nachbarn aus. Nach Möglichkeit empfehlen wir, größere Stückzahlen von Stauden, Rosen, Hortensien oder Rhododendren anzupflanzen, damit ein üppiges Gesamtbild entsteht. Einzelpflanzen wirken meist eher unruhig. Zu einem gelungenen Garten gehören auch immer Accessoires wie Bänke, Brunnen oder Kübel. Damit können wir strukturieren und einzelne Bereiche betonen. Damit der Garten rund ums Jahr Blickfänge bietet, ist es wichtig, für alle Jahreszeiten Pflanzen und Gehölze einzuplanen wie Frühlingsblüher, Sommerblüher, Herbstfärbung und Winterblüher.

> Beim Säen und Pflanzen arbeiten wir exakt. Wir teilen die Beete in definierten Abständen mit Pfählen und Schnüren ein, ziehen Rillen, achten darauf, dass wir nicht zu dicht aussäen, decken die Rillen sorgfältig zu und beschriften sie mit Namen der Pflanzen und Datum der Aussaat.
> Klare Reihen und Pflanzabstände erleichtern später das proaktive Aufkratzen mit der Pendelhacke.

FRÜHLING 47

∧ Ernte von Waldmeister für eine Bowle.

∧ > Pfingstrosen und Lupinen im Staudengarten.

< Umgestülpte, mit Holzwolle gefüllte Tontöpfe bieten Nützlingen wie Ohrwürmern Unterschlupf, die mit Vorliebe Schädlinge wie Läuse vertilgen.

BEOBACHTEN UND KONTROLLGÄNGE

Der erste Blick auf unseren Gartenrundgängen im Frühling gilt immer den mehrjährigen Pflanzen. Haben sie die Kälte schadlos überstanden, oder sind nach einem kalten Winter einige unserer Lieblingspflanzen dem Frost zum Opfer gefallen? Wenn Frostschäden nur Teile von Pflanzen betreffen, werden diese durch Rückschnitt entfernt.

Abgestorbene Triebe und verwucherte Gehölzäste schneiden wir ab und bringen die Pflanzen so in die gewünschte Form. Falls mehrjährige Blütenstauden im vorangegangenen Sommer nicht mehr so reich geblüht haben, ist dies ein sicheres Zeichen dafür, dass sie eine Verjüngungskur benötigen: Dann heißt es kräftig zurückschneiden oder die Pflanzen ausgraben, eine Wurzelteilung machen und eine Neupflanzung in Kombination mit einer guten Kompostgabe tätigen.

Zwiebelblumen, die jetzt ihre ersten grünen Spitzen aus dem Boden treiben, düngen wir mit Kompost, Brennnessel- und Beinwellauszügen, um im Frühlingsgarten schöne und kräftig blühende Tulpen, Narzissen und Hyazinthen zu erhalten.

Wenn im späten Frühjahr nachts keine Minusgrade mehr zu erwarten sind, können die Blumenbeete von abgestorbenen Pflanzenteilen und trockenen Blättern gereinigt werden. Auf den Beeten, die wir im Herbst mit einer Mulchschicht versehen haben, bringen wir Kompost aus, denn während der Wintermonate ist die Abdeckung durch Mikroorganismen zersetzt worden.

> Mischkultur von Lauch, Kohlrabi und Gurken auf den Hügelbeeten. Genügend Luft und Licht zwischen den Pflanzen beugt Pilzbefall vor und fördert gutes Gedeihen.

BODENPFLEGE, GRÜNDÜNGUNG UND UNKRAUTVERMEIDUNG

Wenn die Temperaturen steigen und der Boden sich erwärmt hat, keimt auch bereits das erste **Unkraut**. Hartnäckige Arten wie Ackerwinde und Quecke müssen unbedingt tiefgründig ausgegraben werden, sodass keine Wurzelreste im Boden bleiben, die erneut austreiben würden. Auf keinen Fall mit der Bodenhacke oder dem Kultivator bearbeiten, das vermehrt die Wurzelunkräuter nur und lässt sie zur Plage werden.

Gewöhnliche Unkräuter haben in unserem Garten keine Chance, da wir den Boden mehrmals wöchentlich mit der **Pendelhacke** vorbeugend durchlüften und so den unerwünschten Pflanzen keine Wachstumsmöglichkeit geben. Wo immer möglich, säen wir Gründüngungen ein.

Der Einsatz von **Gründüngungspflanzen** ist sehr einfach. Wir verwenden hauptsächlich Bienenweide *(Phacelia)* und lassen kein Stück Boden unbepflanzt. So haben Unkräuter keine Chance. Das Säen und Schneiden dieser Bodendecker ist viel weniger aufwendig als das Unkrautjäten. Die Bienenweidesamen streuen wir nur oberflächlich auf die Erde. Wenn die Pflanze ihren Dienst als Bodenverbesserer und Nährstofflieferant geleistet hat, kippt sie um, wird von den Würmern in den Boden eingearbeitet und führt den Mikroorganismen reichlich organische Substanz zu. Der Einsatz von Gründüngung erspart uns einen ganzen Kompostiervorgang, der mit Schneiden, Umsetzen und Ausbringen des fertigen Kompostes viel Arbeit macht. Bienenweide zieht außerdem Insekten an, die unsere Blüten bestäuben. Seit wir sie einsetzen, wimmelt es im Garten von Schmetterlingen, Hummeln und Bienen.

ERSTE AUSSAATEN IM HAUS

Empfindliche Pflanzen, die konstante Temperaturen brauchen, wie zum Beispiel Auberginen, Paprika, Tomaten, Chili, Gurken und Kürbisse, ziehen wir in Saatschalen im Haus vor. Man muss sich gedulden, bis keine Fröste mehr zu erwarten sind und der Boden sich erwärmt hat, was erfahrungsgemäß ab Mitte Mai der Fall ist. Ein zu frühes Auspflanzen würde den zarten Pflänzchen nur schaden.

>> Links: Waldmeister
Rechts: Polsterblümchen

‹ Die Aussaat ins Freiland erfolgt bei uns erst, wenn sich die Erde genügend erwärmt hat und keine Nachtfröste mehr zu erwarten sind.

VORBEREITUNGSARBEITEN FÜR DIE AUSSAAT UND ERSTE AUSSAATEN

Als Erstes legen wir die Folientunnel bereit und bereiten die Frühbeete vor, indem wir diese jäten und behutsam durchharken, damit der Boden locker und feinkrümelig wird und die Samen später leichter keimen können. Eine Düngung vor der Aussaat tut dem Boden gut. Wir verwenden dafür Stein- und Algenmehl sowie Feinkompost. Anschließend kann es an das Aussäen gehen.

Sobald die Sämlinge in den Frühbeeten und Saatkästen drei bis vier Wochen nach der Aussaat einige Blätter gebildet haben, werden sie einzeln in größere Töpfe oder Schalen gesetzt. Dies sollte sehr vorsichtig mit einem Pikierholz geschehen, und es ist darauf zu achten, dass die zarten Sämlinge keinen Schaden nehmen. Da die Pflanzen jetzt genügend Platz zum Wachsen haben, bilden sie kräftige Wurzeln und sind bald bereit für die Auspflanzung ins Freiland.

AUSSAAT INS FREILAND

Bei uns im Garten hängt ein Schild mit der Warnung: »Nicht vor den Eisheiligen aussäen!« Das Schild ist nötig, weil wir oft zu ungeduldig waren und es nicht lassen konnten, zu früh zu säen. Als offizieller Startschuss in die neue Gartensaison gelten bei uns die fünf Tage der Eisheiligen Mametus, Pankratius, Servatius, Bonifatius und Kalte Sophie, die das Ende der kalten Frostnächte symbolisieren. Allerdings kann es auch nach den Eisheiligen noch kalte Tage und frostige Nächte geben, aber tendenziell bleibt das Wetter nun warm und stabil. Werden dennoch einmal kühlere Temperaturen vorausgesagt, schützen wir die sensiblen Pflanzen mit Vlies oder Folie.

Nach den Eisheiligen werden die im Haus vorgezogenen Pflanzen direkt in die Beete gesetzt und Radieschen, Pflücksalat, Zuckermais, Spinat und Bohnen direkt ins Freiland ausgesät. Vorgezogene Pflanzen wie Tomaten, Salatgurken, Kohlrabi, Paprika und Kopfsalat können nach den Eisheiligen ausgepflanzt werden.

TIPPS UND TRICKS: SO GEHT DIE SAAT AUF

Licht, Wasser, Wärme – diese Faktoren sind essenziell, damit die Saat aufgeht.

> *Freie Zeit unerreichbar und ungestört im Garten zu verbringen, wird vermutlich in einigen Jahren ganz oben auf unserer Bedürfnisskala stehen.*

LICHT
Man unterscheidet Licht- und Dunkelkeimer. Für Dunkelkeimer gilt: So dick wie der Same ist, so tief sollte er in die Erde kommen. Lichtkeimer hingegen werden nur mit einer dünnen Schicht Erde berieselt, um sie vor dem Austrocknen zu schützen. Es ist darauf zu achten, dass die Samen im feinkrümeligen Saatbeet gut angedrückt werden, damit die Bewurzelung sichergestellt ist.

WASSER
Sämlinge stets feucht halten. Sie dürfen aber nicht im Wasser schwimmen. Bei Anzucht in Gefäßen mit Glas oder Folie abdecken, das verlangsamt die Verdunstung der Bodenfeuchtigkeit.

WÄRME
Samen brauchen zum Keimen je nach Sorte ganz unterschiedliche Temperaturen. Dicke Bohnen zum Beispiel keimen bei 5 Grad Celsius Bodentemperatur, der Kürbis hingegen braucht gut 18 bis 20 Grad Celsius. Empfindliche Pflanzen ziehen wir im Gewächshaus oder auf dem Fensterbrett vor, bevor wir sie ins Freiland setzen.

DER RICHTIGE ZEITPUNKT ZUR AUSSAAT
Pflanzen benötigen bestimmte Wachstumsbedingungen. Neben der Temperatur spielt zum Beispiel auch die Tageslänge eine wichtige Rolle. Die meisten Sorten wollen in der beginnenden wärmeren Jahreszeit gesät werden.

DER RICHTIGE PFLANZENABSTAND
Bei der Aussaat ins Freiland muss der richtige Abstand der Samen beachtet werden. Wird zu eng gesät, ist es gut, die Reihen später auszudünnen – das bedeutet, einige Pflanzen zu entfernen. Wir mischen bei feinem Saatgut immer ein

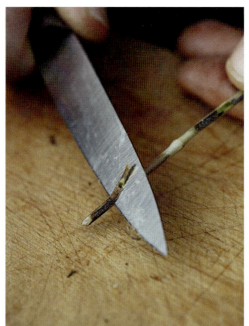

56 ❦ FRÜHLING

< Vermehrung von Rosmarin: Etwa 10 Zentimeter lange Stecklinge schneiden, die Nadeln im unteren Bereich vorsichtig abstreifen, die Stiele leicht anschneiden und in eine Mischung aus Kompost, Erde und Sand stecken. Zur Wurzelbildung muss die Erde in den Töpfen feucht gehalten werden.

wenig Sand zu den Samen und müssen mit diesem Trick später kaum vereinzeln. In einer Schale oder im Gewächshaus kann dichter ausgesät werden. Später werden die kräftigsten Setzlinge für die Auspflanzung ins Beet ausgewählt. Einige spätere Gemüsepflanzen wie Tomaten, Zucchini, Paprika (Peperoni), Kürbisse säen wir gleich in ausreichend große Töpfe. Das hat den Vorteil, dass wir nicht pikieren müssen und sie lange vorziehen können, bis die Außentemperatur stimmt.

VEREINZELN VON SÄMLINGEN
Keimlinge im Zweiblattstadium, das heißt, sobald sich am feinen Stiel die ersten beiden Blättchen ausgebildet haben, haben die ideale Größe zum Vereinzeln oder Pikieren. Pikierstäbe erleichtern das Umsetzen.

SETZLINGSANZUCHT BRAUCHT ZEIT
Unserer Erfahrung nach muss man mit folgender Dauer rechnen:

Anfang Februar bis Ende März	5 bis 6 Wochen
Anfang April bis Mitte Mai	4 Wochen
Mitte Mai bis Ende Juli	3 bis 4 Wochen

ANZUCHTERDE FÜR SAATSCHALEN SELBER MISCHEN
Idealerweise mischt man die Anzuchterde selbst.

Das Rezept lautet: 1 Teil reifer Kompost (in der Regel zweijährig), 1 Teil Gartenerde und 1 Teil feinkörniger Sand.

GUT GEERDET
Damit die Pflanzen im Frühjahr gut gedeihen, haben wir im Herbst reichlich organisches Material in die Früh- und Anzuchtbeete eingearbeitet. Vor der Aussaat geben wir als Starthilfe noch gut gesiebten reifen Kompost dazu. Damit die Samen besser keimen, soll der Boden aus feiner, gleichmäßiger Erde bestehen. Steine und verholztes, unkompostiertes Material müssen entfernt werden. Die Oberfläche des Saatbeets soll eine feinkrümelige Struktur haben.

Da wir im Frühling bei uns öfter nasse Böden haben, geben wir eine dünne Schicht Sand in die **Saatrille**, damit die Samen nicht zu feucht liegen und verfaulen.

Frisch gepflanzte Sämlinge müssen regelmäßig, aber vorsichtig **gegossen** werden. Täglich wenig ist besser als wöchentlich eine große Menge.

Das Saatbeet unbedingt **unkrautfrei** halten. Junge Pflanzen in Frühbeeten mit Vlies oder Folie abdecken.

FRÜHLING 57

^ Um Mangelerscheinungen vorzubeugen, geben wir Geranien, Rosen und Nutzpflanzen täglich Kräuterauszüge, hauptsächlich aus Brennnessel und Beinwell. Dazu die Pflanzen im Verhältnis 1:10 (1 kg Pflanzen auf 10 Liter Wasser) ansetzen, den Auszug 24 bis 48 Stunden ziehen lassen und anschließend unverdünnt damit gießen.

< Stielmangold

Ausgesätes Gemüse und Kräuter **pikieren** wir zu gegebener Zeit vorsichtig und dünnen aus. So wird verhindert, dass sich die Pflanzen gegenseitig Licht und Nährstoffe rauben.

Frostempfindliche Gemüsesorten wie Zucchini, Tomaten, Salate und Mangold werden erst nach den Eisheiligen gepflanzt. Zu Tomaten, Gurken und Zucchini passen Sommerblumen wie Tagetes, Ringelblumen und Kapuzinerkresse. Karotten zwischen Lauch oder Zwiebeln setzen, Kohl wird mit Sellerie und Lauch gepflanzt. Kräuter wie Dill, Petersilie oder Basilikum werden bis zu den Eisheiligen in Töpfen vorgezogen; später kann man sie direkt ins Freie säen oder im Freiland setzen.

Zwischen Gemüsepflanzen kommen Kräuter besonders gut zur Geltung und werten die Beete auf. Mehrjährige Kräuter wie Salbei, Lavendel und Thymian sollten ausgelichtet und um gut ein Drittel zurückgeschnitten werden. Erfrorene Triebe können bis in das gesunde Holz hinein gekürzt werden.

MULCHEN

Die ersten Pflanzen sind gesetzt und die Direktaussaaten sollten bald keimen. In Zierbeeten zwischen Blumen und Stauden empfiehlt sich das regelmäßige Mulchen. Damit wird das Unkrautwachstum reduziert, die Feuchtigkeit im Boden gehalten und der Erde durch die Verrottung des Mulchs langfristig Humus zugeführt. Allerdings legen Schnecken gerne ihre Eier unter die Mulchschicht, weshalb diese gut im Auge zu halten ist. Falls nötig, wendet man das Mulchmaterial; in der Sonne sterben die Schneckeneier ab.

>> Waldmeister

DIE ENERGIE DER HÜGELBEETE

Ein Geheimnis unseres gärtnerischen Erfolges sind die Hügelbeete. Sie werden idealerweise im Frühjahr angelegt und können etwas breiter sein als ebene Beete. Die Hügelform bringt eine größere Anbaufläche als bei herkömmlichen Beeten. Da bei uns Unmengen von Gartenabfällen, Rasen- und Baumschnitt anfallen, sind Hügelbeete eine ideale Lösung, eine Art Kompostanlage. In dem aufgeschichteten Haufen wandeln zahllose Mikroorganismen das Grüngut in wertvollen Humus um. Dabei entwickelt sich eine Bodenwärme von etwa 50 Grad Celsius, die den Pflanzen vor allem im ersten Jahr zugute kommt. Zucchini können so schon fünf bis sechs Wochen nach der Aussaat geerntet werden. Und dank der Wärme können wir oft bis in den Winter hinein noch anpflanzen. Zudem ist ein frisches Hügelbeet eine Nährstoffbombe. Im ersten Jahr gedeihen Starkzehrer wie Tomaten, Gurken, Kohl und Zucchini prächtig. Im zweiten Jahr folgen Salate und Wurzelgemüse, im dritten Jahr Erbsen und Bohnen. Ein Hügelbeet hat eine Lebensdauer von vier bis fünf Jahren. Dann ist das gesamte Material verkompostiert, das Beet muss neu aufgesetzt werden.

Bei gutem Wetter geht alles viel leichter von der Hand. Wer bei strömenden Regen auf den Beeten herumtrampelt, verdichtet den Boden, und auf einem verdichteten Boden gedeihen die Pflanzen nicht gut.

SO BAUEN WIR EIN HÜGELBEET

1. Zuerst wird festgelegt und abgesteckt, wo das Hügelbeet hinkommen soll. Ein Hügelbeet sollte höchstens 1,5 m breit sein. Bei breiteren Beeten wird es schwierig, die Pflanzen in der Mitte zu pflegen (z. B. dort Tomaten auszugeizen). Die Länge der Hügelbeete richtet sich nach den Platzverhältnissen. Unsere Beete weisen eine Länge von 10 bis 15 m auf.
2. Falls sich an der für das Beet vorgesehenen Stelle Rasen befindet, werden zuerst die Rasensoden abgestochen und zur Seite gelegt.
3. Dann wird die oberste Erdschicht (Humusschicht) etwa 20 cm tief ausgehoben und auf einen eigenen Haufen neben dem zukünftigen Hügelbeet geschichtet.
4. Nun kleiden wir das ausgehobene Beet mit Maschendraht gegen Wühlmäuse aus.
5. Danach beginnt das Einschichten: Als Erstes werden in der Mitte des Beetes etwa 30 bis 40 cm hoch Gehölzschnittabfälle eingefüllt.
6. Als Nächstes werden die Rasensoden etwas zerkleinert, mit Laub, Stroh, Staudenabfällen oder Mähgut vermischt und als etwa 30 cm hohe Schicht darübergegeben. Vor allem Mähgut muss gut mit anderen Materialien gemischt werden.
7. Nun folgt eine etwa 20 bis 30 cm hohe Schicht halbreifer Gartenkompost.
8. Als Letztes werden Komposterde und die beiseitegelegte Humuserde in einer etwa 20 bis 25 cm hohen Schicht auf das Hügelbeet gegeben.

⌄ Hochbeete erleichtern die Arbeit und sorgen dank der Wärmeentwicklung für Rekordernten in kürzester Zeit. Unsere Hochbeete lassen sich überall schnell und leicht aufstellen.

HOCHBEETE DEM RÜCKEN ZULIEBE

Eine Alternative zum Hügelbeet ist das Hochbeet. Ebenso wie Hügelbeete haben Hochbeete viele Vorteile. Sie schonen den Rücken, das Gemüse wächst dank vieler Nährstoffe und zusätzlicher Bodenwärme optimal und lässt sich leicht vor Schneckenfraß und Mäusen schützen. Es kann mit bis zu 30 Prozent größeren Erträgen als in herkömmlichen Beeten gerechnet werden. Dies hat mit den unterschiedlichen Aufbauschichten des Hochbeets zu tun: Die unteren Schichten bestehen aus Ästen, Laub, Grobkompost und Kräuterzusätzen wie Beinwell und Brennnesseln. Die durch diese Zutaten entstehenden Zersetzungsprozesse im frisch angelegten Hochbeet erzeugen Wärme und unterstützen das Pflanzenwachstum. Hochbeete lassen sich auch auf Terrassen und Balkonen sowie in Höfen problemlos installieren.

› Garten- und Küchenabfälle, Baumschnitt, Gras und Laub wandern schnell und ungehäckselt ins Hochbeet. Dadurch ersparen wir uns nicht nur das Ansetzen eines Kompostes, sondern auch viel Zeit und Mühe.

SO BAUEN WIR EIN HOCHBEET

1 Zunächst die Maße des Hochbeets auf die Fläche, auf die es gebaut werden soll, übertragen. Dazu spannen wir Schnüre und achten auf rechte Winkel. Für optimales Gärtnern sollte das Hochbeet 0,8 bis 1 m hoch und nicht breiter als 1 bis 1,2 m sein, sodass man von beiden Seiten jeweils bis zur Mitte des Beets arbeiten kann. Die Länge richtet sich nach der zur Verfügung stehenden Fläche. Wir haben Hochbeete von 2 bis 5 m Länge angelegt.

2 Als Nächstes wird der Boden auf der geplanten Fläche etwa 10 bis 20 cm tief abgetragen.

3 Die Beetumrandung des Hochbeets bauen. Als Erstes die Eckpfosten setzen, die bei uns aus Aluminiumelementen bestehen. Attraktiv sind Verkleidungen mit halben Rundhölzern. Die Holzqualität ist sehr wichtig. Wir arbeiten seit Jahren ausschließlich mit robustem Lärchenholz.

4 Den Boden innerhalb des Hochbeets zunächst grob lockern (z. B. mit einer Grabgabel). Dann den gesamten Innenraum mit einem feinen Maschendraht gegen Wühlmäuse auskleiden.

5 Die einzelnen Schichten der Hochbeetbefüllung sind jeweils 25 bis 30 cm dick: Die unterste Schicht sollte aus grobem Gehölzschnitt bestehen.

6 Die nächste Schicht enthält Staudenrückschnitt, Grassoden und feineren Gehölzschnitt.

7 Darauf folgt eine Schicht mit halbfertigem Gartenkompost oder – falls man keinen hat – halb verrottetem Stallmist.
8 Als oberste Schicht benutzen wir guten Kompost oder torffreie Bioerde.
9 Jetzt kann gepflanzt werden. Besonders attraktiv und sehr ertragreich auf Hochbeeten sind Mischpflanzungen von Gemüse, Kräutern und Blumen.

VOM RICHTIGEN UNKRAUTJÄTEN

Wir bearbeiten den Garten meist täglich mit der Pendelhacke, vor allem nach Regen, sodass Unkraut gar nicht erst aufkommen kann. Regelmäßiges Hacken hilft auch, wenn das Unkraut noch jung ist und flache Wurzeln hat. Auf jeden Fall muss das Unkraut vor der Blüten- und Samenbildung angegangen werden.

Es ist von Vorteil, bei Trockenheit zu hacken, damit die Unkräuter auf dem Beet schneller vertrocknen. Bei feuchtem Wetter sollte das gehackte Unkraut eingesammelt werden, damit es nicht wieder anwachsen kann. Der Boden muss stets gründlich gelockert werden, damit beim Unkrautentfernen keine Wurzelreste in der Erde bleiben. Mehrjährige und hartnäckige Unkräuter nicht auf den Kompost geben. Hartnäckiges Unkraut mit Folie abdecken – so bekommt es weder Licht noch Luft und stirbt ab.

Regelmäßiges Ernten erhöht bei vielen Pflanzen wie Gurken und Zucchini den Ertrag, da die Pflanze dann ihre Kraft den jüngeren Früchten zukommen lässt.

DER KRÄUTERGARTEN

Kräuter können auf vielerlei Arten angebaut werden. Sei es in Kräuterrabatten, kombiniert mit Sommerblumen, integriert in Staudenbeeten, in Kräuterspiralen oder in unterschiedlichsten Töpfen, Kästen und Gefäßen. Einige Kräuter gedeihen in Töpfen am besten alleine, da sie sehr wüchsig sind und andere Kräuter verdrängen würden, so zum Beispiel Liebstöckel und Minze.

Für die Verwendung in der Küche ist ein Standort nahe beim Haus und der Küche ideal, um jederzeit schnell und trockenen Fußes Kräuter ernten zu können. Auf der Fensterbank, beim Sitzplatz oder auf der Terrasse sind weitere gute Standorte.

In erster Linie pflanzen wir Kräuter, die wir und unsere Familie mögen. Unsere Favoriten sind Basilikum, Schnittlauch, Rosmarin, Thymian, Petersilie, Salbei, Melisse, Eisenkraut und zum Süßen Stevia.

> Kräuterpesto: Wir hacken frische Kräuterblätter mit dem Wiegemesser, vermischen sie mit Olivenöl, fein gehackten Pinienkernen, gehacktem Knoblauch und geriebenem Parmesan. Ideal zu Pasta und Sommergerichten.

DIE RICHTIGE ERDE FÜR DEN KRÄUTERGARTEN

Als Pflanzerde eignet sich gewöhnliche, biologische Blumen- oder Gemüseerde, die wir mit etwas Kompost anreichern. Kräuter sind Schwachzehrer, sollten also keine zu reichhaltige Erde und keinen Mist erhalten.

KRÄUTERPFLEGE

Damit die Kräuter gleichmäßig wachsen, sollte man die Kästen und Töpfe einmal wöchentlich drehen (etwa eine Vierteldrehung), damit die Pflanzen rundum gleichmäßig Sonne und Licht erhalten.

Die Erde gleichmäßig feucht halten und nicht austrocknen lassen. Mehrjährige Kräuter auch im Winter mäßig gießen. Kultivieren Sie stets mehrere Pflanzen der gleichen Sorte, so geht Ihnen die Würze nicht aus.

SCHNITTLAUCH VERMEHREN

Bevor der Schnittlauch seine typischen langen Stiele bildet, graben wir die Wurzelballen vorsichtig aus, teilen diese, schneiden die Stiele etwas zurück und graben ihn gleich tief wieder ein. Durch diese Maßnahme hat die Schnittlauchpflanze wieder mehr Platz, um sich zu entfalten und zu wachsen.

KRÄUTER ERNTEN

Frisch geerntet schmecken Kräuter am besten. Meistens sind es die jungen Triebspitzen oder Blättchen, die wir verwenden. Selbst im Winter können bei immergrünen Kräutern wie Thymian, Salbei oder Bohnenkraut einzelne Blättchen geerntet werden. Durch regelmäßiges Ernten von jungen Trieben und Blättern werden die Pflanzen zu einem buschigen Wachstum angeregt. Schnittlauch, Minze oder Zitronenmelisse kann man zwischendurch auch ganz zurückschneiden. Dadurch bleiben die Pflanzen kompakt und bilden neue Triebe aus.

Wenn die ganzen Triebe verwendet werden, ist der richtige Erntezeitpunkt kurz vor der Blüte, idealerweise am späten Morgen, wenn der Tau gut von den Blättern abgetrocknet ist. Neben dem Frischgebrauch lassen sich viele Kräuter auch trocknen. Dafür werden gesunde, nicht von Schädlingen oder Krankheiten befallene Triebe an einem luftigen, schattigen Ort kopfüber aufgehängt. Nach dem Trocknen muss man die Blätter und Blüten sorgfältig ablesen und in dicht schließende Gläser oder Dosen abfüllen.

FRÜHLING 67

BRÜHEN, JAUCHEN UND AUFGÜSSE

Viele Pflanzen besitzen bestimmte Inhaltsstoffe, die vor Schädlingen und Krankheiten schützen. Mit geringem Aufwand lassen sich aus ihnen wirkungsvolle Brühen, Jauchen und Aufgüsse herstellen, die im Gemüsegarten dazu dienen, Krankheiten und Schädlingen vorzubeugen, indem sie die Pflanzen stärken. Bei den natürlichen Pflanzenbehandlungsmitteln unterscheiden wir zwischen Jauche, Brühe, Tee und Kaltwasserauszug.

Beinwell und Brennnesseln sind für uns zwei der wichtigsten Stärkungs- und Düngepflanzen. Brennnesseln besitzen einen hohen Stickstoffanteil und beschleunigen die Chlorophyllbildung in den Blättern. Sie sind deshalb für starkzehrende Gemüse wie Gurken, Zucchini oder Kohl ideal, denn sie kräftigen die Pflanzen und schützen sie vor Blattläusen. Aber auch aus den Blättern von Kohl, Rhabarber und Tomaten lassen sich wirksame Pflanzenschutzmittel herstellen. Sie enthalten Stoffe wie Stickstoff, Phosphor und Kali, deren Düngewirkung erwiesen und bekannt ist.

Seit wir unsere Pflanzen täglich vorbeugend mit Brennnessel- und Beinwell-Auszügen beglücken, haben wir weder Probleme mit Schädlingen noch mit Krankheiten. Ein weiterer Vorteil von selbst hergestellten Auszügen ist, dass sie nichts kosten, da die Ausgangsmaterialien in der freien Natur zu finden sind. Wer keine Möglichkeit hat, Wildpflanzen zu sammeln, kann diese in getrockneter Form im Fachhandel kaufen.

SCHNELLDÜNGER AUS BRENNNESSELN UND BEINWELL
Brennnesseln und Beinwell finden wir auf Spaziergängen am Waldrand. Die Pflanzen im Verhältnis 1 : 10 (das heißt 1 kg Frischpflanze auf 10 l Wasser) 24 bis 48 Stunden im Gießwasser ansetzen. Gemüse und Kräuter damit täglich unverdünnt gießen.

PFLANZENJAUCHE SELBER ANSETZEN
Während Brühen und Frischauszüge rasch angefertigt sind, benötigt man für das Ansetzen einer Pflanzenjauche etwas Zeit und Geduld. Ein Versuch lohnt sich aber allemal.

In einem Gefäß aus Holz oder Plastik werden 1 Kilogramm frische Pflanzen mit 10 Liter Wasser übergossen. Am besten verwendet man dazu Regenwasser. Das Gefäß wird mit einem Drahtgitter oder einigen Holzlatten abgedeckt. Es darf nicht fest verschlossen werden, damit die für den Gärungsprozess wichtige Sauerstoffzufuhr gewährleistet ist. Die Tonne mit dem Jaucheansatz sollte so platziert werden, dass die bei der Gärung entstehenden unangenehmen Gerüche niemanden belästigen. Die Beigabe von einer Handvoll Gesteinsmehl mildert den strengen Geruch etwas.

Die Jauche wird täglich einmal umgerührt. Sie ist nach rund zwei Wochen einsatzbereit; bis dahin hat sie eine dunkle Farbe angenommen und schäumt nicht mehr. Die fertige Jauche wird 1:10 verdünnt an die Pflanzen gegossen. Mit dem Gemisch wird nur der Boden gegossen, keinesfalls über die Blätter geben. Sonst besteht die Gefahr, dass die Pflanzen durch die scharfe Kräuterjauche »Verbrennungen« erleiden.

Tipp: Um sich das Säubern der Tonne zu erleichtern, verpackt man das Pflanzenmaterial in durchlässige Jutesäcke, die ins Wasser gehängt werden.

Weitere Informationen zur Herstellung, Anwendung und Wirkung natürlicher Pflanzenschutzmittel finden Sie im Anhang Seite 214.

ERDMISCHUNGEN

Die Kräfte der Wildkräuter lassen sich nicht nur als Jauche oder Auszüge, sondern auch in Erdmischungen nutzen.

Im Frühbeet graben wir eine 20 bis 30 cm dicke Schicht mit zerkleinerten Brennnessel- und Beinwellblättern in den Boden ein. Die Wirkstoffe der Wildkräuter stehen so den Wurzeln der Jungpflanzen direkt zur Verfügung. Diese Art der Düngung kann auch bei Geranien oder anderen Sommerblühern in Töpfen oder Balkonkisten angewendet werden. Beinwellblätter eignen sich zudem als Mulch für Tomatenpflanzen. Sie verrotten sehr schnell, halten die Feuchtigkeit im Boden und liefern reichlich Spurenelemente.

GÄRTNERS GOLD

Fruchtbare Erde ist das Gold der Zukunft. Wer einen Garten pflegt, sollte unbedingt kompostieren. Sobald die Temperaturen steigen, erhöhen auch die Mikroorganismen und Würmer im Komposthaufen ihre Aktivität. Um den Verrottungsprozess zu beschleunigen, ist es sinnvoll, den Kompost umzusetzen. Die Düngung mit Kompost ist ein ideales, einfaches und kostengünstiges Mittel zur Bodenpflege. Kompost verbessert nicht nur die Bodenqualität, sondern reduziert auch die Menge des Abfalls aus Garten und Küche. Auf dem Komposthaufen wird alles Grünzeug in wertvollen Humus umgewandelt.

Zum Kompostieren braucht man einen halbschattigen Ort. Ein guter Kompost stinkt zwar nicht, aber um Ärger zu vermeiden, sollte er nicht gerade unter dem Fenster des Nachbarn angelegt werden. Ist der Platz bestimmt, benötigt man Sammelbehälter. Es gibt im Gartenfachhandel zahlreiche Versionen aus Kunststoff und Metall. Den gleichen Dienst erfüllen aber auch einfache und günstige

Wenn wir beim Gärtnern eine vorausschauende und proaktive Haltung einnehmen, statt nur zu reagieren, wenn wir dem Boden und uns selbst Sorge tragen, geht die Arbeit schnell und leicht von der Hand, und der Erfolg stellt sich unweigerlich ein. Das tut den Pflanzen gut und uns ebenso.

Wir pflanzen Gemüse und Kräuter auf den Hochbeeten und Hügelbeeten immer in Mischkultur an.

Gestelle aus Holz. Das Kompostmaterial sollte direkten Kontakt zum Erdreich haben, damit die im Boden lebenden Mikroorganismen und Kleinstlebewesen direkten Zugang haben. Daher eignen sich geschlossene Kompostsysteme nur bedingt; auch kann aus diesen Wasser nicht ungehindert abfließen. Bei Staunässe dauert der Kompostiervorgang länger oder wird durch Fäulnis sogar verhindert.

Ideal sind drei bis vier Behälter. Im ersten werden die Abfälle aus Küche und Garten gesammelt. Der zweite dient dem Aufsetzen des Komposts. Darunter verstehen wir eine gute Durchmischung der verschiedenen anfallenden Abfälle. Oft machen Hobbygärtner den Fehler, die Materialien wie zum Beispiel Grasschnitt schichtweise in den Kompostbehälter zu geben, was zur Folge hat, dass es zu einer Verpappung und damit verbundener Fäulnisbildung und Gestank kommt.

Im dritten und vierten Behälter wird der fertige Kompost umgeschichtet, bis er gebraucht wird. Durch die Umschichtung erreicht man eine optimale Durchmischung der abzubauenden Materialien und erleichtert die Verarbeitung durch die Mikroorganismen. Ein gut gereifter Kompost hat einen angenehmen Geruch und sollte nicht stinken.

Natürlich hat nicht jeder Gärtner Platz für ein solches System. Hobbygärtner kommen auch gut mit einem oder zwei Kompostbehältern aus. Im Idealfall wird der fertige Kompost schon im Herbst in die Erde eingearbeitet und nicht erst kurz vor dem Pflanzen im Frühjahr.

MISCHKULTUR VERSUS MONOKULTUR

Als erfahrene Gärtner pflanzen wir unser Gemüse in Mischkulturen an. Dies bietet nicht nur einen optischen Reiz, sondern beugt Schädlingsbefall und Pilzerkrankungen vor. Zu Mischkulturen gehören nicht nur verschiedene Gemüsesorten im selben Beet, sondern auch zusätzlich Pflanzen wie Tagetes, Ringelblumen, Sonnenblumen und Kapuzinerkresse zwischen den Gemüsereihen. Diese Sommerblumen passen sehr gut zu Zucchini, Tomaten und Gurken, die wir später an Stäben hochbinden.

Weitere Informationen zu Mischkulturen finden Sie auf Seite 38.

Wir glauben nicht an den grünen Daumen. Wenn man eine kreative Tätigkeit – sei es Malen, Musizieren, Kochen oder eben Gärtnern – immer wieder tut und sie zu einer positiven täglichen Routine wird, dann wird man zum Experten.

Wenn wir einer Pflanze, einem Tier oder einem Menschen liebevolle Zuwendung und Beachtung schenken, dann gedeihen sie.

NÜTZLINGE FÖRDERN

Das Frühjahr ist eine gute Zeit, um sich der Nützlinge anzunehmen, denn sie helfen, die Gartenarbeit etwas einfacher zu gestalten. Einer der bekanntesten und beliebtesten ist der Marienkäfer, der täglich an die hundert Blattläuse vertilgen kann. Weitere wichtige natürlich vorkommende Schädlingsvertilger sind Florfliegen, Schlupfwespen, Schwebfliegen und viele andere. Auch Bienen und Hummeln sind wichtige Nützlinge im Garten, denn sie sorgen für die Befruchtung der Obstgehölze. Wenn wir sie fördern, haben wir weniger Probleme mit Schädlingen und erzielen reichere Ernten.

> Damit sich Nützlinge im Garten wohlfühlen, brauchen sie einen möglichst vielseitigen Lebensraum. Besonders frühjahrsblühende Pflanzen wie Narzissen, Traubenhyazinthen, Schlehen und Weißdorn locken die Tierchen schon frühzeitig in den Garten. Später machen blühende Kräuter und Gewürzpflanzen wie Kümmel, Beifuß, Liebstöckel und Fenchel sowie einjährige Blütenpflanzen wie Ringelblumen, Bienenweide oder Schmuckkörbchen den Garten für Nützlinge attraktiv.
>
> Doch diese Helfer allein können nicht die ganze Schädlingsabwehr übernehmen. Um den Garten vor Kohlfliegen, Karottenfliegen, Kohlweißlingen, Blattläusen und anderen Störenfrieden zu schützen, sind Gemüsenetze und Vliese eine gute Sache. Man sollte sie sofort nach dem Auspflanzen über die Pflanzen legen oder sie über Tunnelgestelle spannen. Seitlich und an den Enden müssen sie dicht abschließen. Dies erreicht man, indem man die Ränder mit erdbefüllten Säckchen beschwert. Die Netz- und Vliesmaterialien sind leicht, wasser- und luftdurchlässig, sodass sie bis zur Ernte auf dem Beet bleiben können.

BESTÄUBUNG DER OBSTBLÜTEN

Die Voraussetzung für einen guten Obstertrag ist die Befruchtung der Blüten. Vor allem Hummeln und Bienen sorgen für die Bestäubung der meisten Kern- und Steinobstarten. Sie benötigen den Pollen einer anderen Sorte der gleichen Art zu ihrer Befruchtung. Die meisten Beerenobstarten sind selbstfruchtbar. Findet dennoch eine Fremdbefruchtung wie bei Apfel- oder Kirschbäumen statt, fällt der Ertrag höher aus. Eine Befruchtung durch eine andere Sorte ist nur möglich, wenn im eigenen Garten oder in der Nachbarschaft im Umkreis bis etwa 500 Meter entsprechende Befruchtersorten vorhanden sind, die zur gleichen Zeit blühen.

∧ Eine Hummel hat eine Flügelfläche von 0,7 Quadratzentimetern und ein Gewicht von 1,2 Gramm und wäre nach aeronautischen Gesetzen damit eigentlich nicht flugfähig. Gut, dass die Hummel nichts davon weiß. Sie fliegt einfach!

BIENEN

Die Mehrheit der Blütenpflanzen benötigt eine Bestäuberin, und die Honigbiene ist perfekt dazu geeignet, diese Aufgabe zu übernehmen. Fast ein Drittel der Nahrungsmittel, die wir zu uns nehmen, entsteht durch die Bestäubung durch Bienen: Nüsse, Zwiebeln, Karotten, Brokkoli und Sonnenblumen ebenso wie Äpfel, Blaubeeren, Preiselbeeren, Erdbeeren, Pfirsiche, Aprikosen und viele Arten mehr. »Wenn die Bienen aussterben, hat der Mensch noch vier Jahre zu leben«, soll Albert Einstein gesagt haben. Keine Bestäubung, keine Pflanzen, keine Tiere, keine Nahrung, keine Menschen – so lautet die logische Kette.

Bienen haben ein ausgefeiltes Navigationssystem, das sich auf die Sonne und auf Orientierungspunkte im Gelände stützt. Es erlaubt ihnen, sich bis zu fünf Kilometer von ihrem Stock zu entfernen und wieder zurückzufinden. Auch können sie durch eine bemerkenswerte Kommunikationsform, die als Schwänzeltanz bezeichnet wird, andere Bienen zu Nahrungsquellen führen.

Weltweit sind in den vergangenen Jahren viele Bienenvölker durch den Einsatz von Pestiziden verendet. Wir versuchen mit unserer Arbeitsweise ein Zeichen zu setzen, indem wir den Insekten, Bienen und Hummeln eine große Pflanzenvielfalt und Nistmöglichkeiten bieten. Dabei ist es wichtig, dass die Pflanzen den ganzen Zyklus vom Werden bis zum Samenstadium durchleben.

OBST UND STAUDEN

Wenn wir im vorangegangenen Herbst keine Himbeeren, Heidelbeeren oder Johannisbeeren setzen konnten, haben wir jetzt im Frühling die Möglichkeit, dies nachzuholen. Die Ernte wird allerdings im ersten Jahr nicht so üppig ausfallen. Erst im Folgejahr können wir mit einem vollen Ertrag rechnen.

Jetzt ist auch eine gute Pflanzzeit für Stauden. Bevor wir sie in das gelockerte, unkrautfreie Beet pflanzen, stellen wir sie mit dem Wurzelballen etwa 30 Minuten in kaltes Wasser. Anschließend wird die Staude so eingepflanzt, dass der Wurzelballen bündig mit der Erdoberfläche abschließt.

Ideal ist eine Zugabe von Kompost und Hornspänen ins Pflanzloch.

Ältere Stauden werden geteilt. Dies fördert das Wachstum und dient der Vermehrung. Die gewonnenen Teile werden separat wieder eingepflanzt.

RHABARBER ERNTEN

Rhabarber wird im Herbst gesetzt und ist eine der ersten Pflanzen, die wir im Frühling ernten können. Die Erntezeit dauert von April bis Juni. Danach sollte nicht mehr geerntet werden, da die Stiele dann zu viel Oxalsäure enthalten. Viele Gärtner schneiden bei der Ernte die Rhabarberstiele einfach an den Enden ab. Dadurch riskieren sie, dass die Schnittstellen faulen und so die Wurzel schädigen. Die richtige Methode zur Ernte von Rhabarber ist das Herausdrehen aus dem Wurzelstock und nicht das Schneiden mit einem Messer.

Rhabarberblätter können zum Abdecken von Flächen verwendet werden, die erst vor wenigen Wochen bepflanzt wurden. Dadurch wird das Wachstum der Unkräuter verlangsamt. Die Blätter verrotten nach einiger Zeit und geben dem Boden wichtige Nährstoffe zurück.

Rhabarber hat einen hohen Gehalt an Kalium, was den Nährstofftransport in den Zellen fördert. Zudem hat er auch eine blutreinigende Wirkung. Der Rhabarber ist also wie geschaffen, um den Körper im Frühling wieder auf Vordermann zu bringen. Für uns sind die Stangen aber vor allem ein kulinarischer Genuss und bringen Farbe in die Frühjahrsküche.

Unsere Philosophie besteht darin, die Natur zu beobachten und so wenig wie möglich einzugreifen, wirklich erst dann, wenn die Natur sich nicht mehr selbst zu helfen weiß.

Es gilt, die richtigen Pflanzen zu wählen, um Insekten, Bienen, Hummeln, Schmetterlingen und Vögeln ein blüten- und nektarreiches Umfeld zu bieten, denn sie leisten einen immensen Beitrag für unsere natürliche Fauna und unser Wohlergehen.

⌄ Frances erntet Rhabarber, indem sie ihn am Wurzelstock herausdreht; anschließend wird er gleich in der Küche zu Kuchen und Konfitüre verarbeitet.

REZEPT: RHABARBER-INGWER-KONFITÜRE

500 g Rhabarber
1 kleines Stück frischer Ingwer
400 g Zucker

Den Rhabarber waschen, schälen und in etwa 2 cm lange Stücke schneiden. Den Ingwer schälen und fein würfeln. Rhabarber, Zucker und Ingwer zusammen in einem Topf bei mittlerer Temperatur köcheln, bis die Masse geliert. Heiß in sterilisierte Gläser abfüllen, diese verschließen und etikettieren.

FRÜHLINGSARBEITEN IN KÜRZE

MÄRZ BIS APRIL: NUTZGARTEN

- Es gibt nun viel zu tun: Anbauplan erstellen; dabei Fruchtfolgen und resistente Sorten berücksichtigen.
- Alle Gartengeräte vor dem ersten Einsatz auf Funktionstüchtigkeit überprüfen.
- Maßnahmen zur Förderung von Nützlingen definieren und vorbereiten.
- Aussaaten im frostfreien Gewächshaus vornehmen.
- Bei günstiger Witterung den Gartenboden für die Kulturen vorbereiten. Kompost und Mist einarbeiten, Unkraut jäten, Gründüngung säen.
- Beete vorbereiten und erste Aussaaten von Gemüse und Kräutern vornehmen.
- Beerensträucher auslichten. Obstbäume und Beerensträucher brauchen eine Nährstoffgabe. Auf jede Baumscheibe etwa drei bis vier Liter Kompost pro Quadratmeter geben. Heidelbeeren sind Moorbeetpflanzen und brauchen eine Schicht Rindenmulch, da sie sauren Boden bevorzugen.
- Die ersten zarten Rhabarberstängel ernten. Jüngere Pflanzen können alle zwei bis drei Wochen geerntet werden, kräftigere ältere Exemplare auch in kürzeren Abständen. Mindestens zwei Drittel der Stängel und Blätter stehen lassen. Blüten sollten immer sofort entfernt werden, da sie die Pflanzen unnötig Kraft kosten. Die Stängel werden geerntet, indem man sie mit einem Ruck aus der Basis herausdreht; nicht mit der Schere abschneiden!
- Gurken und Melonen reagieren empfindlich auf jede Störung im Wurzelbereich. Darum verzichten wir auf Aussäen in Saatschalen und späteres Pikieren. Stattdessen direkt in ausreichend große Tontöpfe säen. Mit dem Auspflanzen warten, bis sich der Boden erwärmt hat und die Setzlinge im Topf gut durchgewurzelt sind.
- Zwiebeln gehören zum ersten Gemüse, das im Frühjahr gesetzt werden kann. Vor dem Auspflanzen die Steckzwiebeln über Nacht in zimmerwarmem Wasser einweichen. Das bewirkt, dass sie früher wurzeln und im Beet schneller Fuß fassen. Zwiebeln in Reihen von 15 bis 20 cm Abstand setzen und leicht anhäufeln, nachdem sie angewachsen sind.
- Ab Mitte April Kartoffeln pflanzen; diese etwa 10 cm tief in Furchen legen. Der Pflanzenabstand soll etwa 30 cm in der Reihe und 50 bis 60 cm zwischen den Pflanzenreihen betragen, damit später gut angehäufelt werden kann.
- Salatpflanzen haben eine relativ kurze Kulturzeit. Jetzt die ersten selbst gezogenen Jungpflanzen ins Frühbeet setzen und gleich wieder neu aussäen. So kann die ganze Gartensaison hindurch frischer Salat geerntet werden.
- Wurzelpetersilie ist weniger bekannt als Blattpetersilie und wird oft mit Pastinaken verwechselt. Die Wurzel verleiht Suppen und Gemüsegerichten ein mildes Petersilienaroma. Wenn der Boden gut abgetrocknet ist (Mitte bis Ende April), in ein sonniges Beet mit humusreicher Erde säen. Nach dem Säen müssen die Pflänzchen auf einen Abstand von 5 bis 8 cm vereinzelt werden.
- Thymian, Lavendel, Salbei, Bergbohnenkraut und viele andere Kräuter verholzen gerne an der Basis. Damit die Pflanzen nicht überaltern und um das Wachstum anzuregen, schneidet man sie im Frühjahr relativ kräftig zurück.

MÄRZ BIS APRIL: ZIERGARTEN

- Winterschutz entfernen und dürre Staudengräser bis zum Boden zurückschneiden.
- Frühblühende Sträucher zurückschneiden und Jungtriebe von Kletterern anbinden.
- Lücken im Garten und in den Töpfen auf dem Balkon mit Frühlingsblühern, Gehölzen und Stauden bepflanzen.
- Balkon- und Kübelpflanzen aus dem Winterquartier holen, zurückschneiden, umtopfen und an kühlen, aber hellen Plätzen aufstellen.
- Zwiebeln der Herbstblüher kommen jetzt in die Erde. Die Zwiebeln sollen dabei doppelt so tief in die Erde gelegt werden, wie sie dick sind.

MAI BIS JUNI: NUTZGARTEN

- Vorgezogene Kräuter wie Estragon, Majoran und Basilikum können nach den Eisheiligen in den Garten oder in Balkonkästen umgesetzt werden. Viele Kräuter lassen sich ab Mai auch direkt ins Freiland aussäen. Dazu gehören: Basilikum, Majoran, Kerbel, Dill, Bohnenkraut, Kresse, Wermut, Kapuzinerkresse, Koriander, Liebstöckel (Maggikraut), Beifuß und viele andere. Je nach Bedarf einjährige Kräuter alle drei bis vier Wochen nachsäen, damit sie die ganze Saison hindurch geerntet werden können.
- Vorgezogene Gemüsepflanzen wie Tomaten, Paprika, Knollensellerie, Kohlsorten, nach den Eisheiligen ins Freiland umsetzen.
- Seit Februar vorgezogene Artischockenpflanzen und Auberginen können nun ebenfalls ausgepflanzt werden. Ab Ende Mai Auberginen direkt ins Freiland säen.

- Die meisten Aussaaten können nach den Eisheiligen direkt im Freiland vorgenommen werden. Dazu gehören: Salate, Brokkoli, Gurken, Karotten, Radieschen, Rettich, Rote Bete (Randen), Zucchini, Blumen- und Rosenkohl, Stangen- und Buschbohnen, Fenchel und Schnittsellerie.
- Besonders zur Aussaat- und Anwuchszeit brauchen Pflanzen regelmäßig Wasser. Denn junge, frisch gepflanzte Pflanzen haben noch keine langen Wurzeln, um sich selbst mit Feuchtigkeit aus tieferen Bodenschichten zu versorgen.
- Mischkulturen verhindern Schädlingsbefall und Pilzerkrankungen. Zu Tomaten, Gurke und Zucchini passen Sommerblumen wie Tagetes, Ringelblumen und Kapuzinerkresse. Karotten zwischen Lauch oder Zwiebeln setzen, Kohl wird zusammen mit Sellerie und Lauch gepflanzt.
- Wenn die Temperatur steigt, beschleunigen auch die Mikroorganismen im Komposthaufen ihre Arbeit. Um den Verrottungsprozess zu unterstützen, jetzt den Kompost umsetzen.
- Wenn der Boden sich erwärmt hat, keimt auch das Unkraut. Problematische Arten wie Ackerwinde und Quecke müssen unbedingt ausgegraben werden. Auf keinen Fall mit der Bodenhacke oder dem Kultivator bearbeiten, das vermehrt die Wurzelunkräuter und lässt sie zur Plage werden.

MAI BIS JUNI: ZIERGARTEN

- Der Mai ist ein idealer Monat, um Containerpflanzen wie Rhododendron auszupflanzen.
- Rasen aussäen bzw. kahle Stellen nachsäen. Frisch angesäter Rasen sollte in Perioden ohne Regen etwa dreimal pro Woche gewässert werden. Austrocknen verlangsamt das Wachstum oder lässt frisch gesäten Rasen zugrunde gehen. Alter Rasen wird durchlüftet. Damit das Gras besonders kräftig, dicht und grün wird, zuerst das Unkraut entfernen. Anschließend den Rasen auf etwa 5 cm Länge abschneiden und biologischen Rasendünger ausbringen. Den Rasenschnitt zum Mulchen der Staudenbeete verwenden oder auf den Kompost geben. Wichtig ist, dass der Rasenschnitt mit dem übrigen Material gut vermischt wird, damit kein unerwünschter Silagegeruch entsteht.
- Ab Mitte Mai Kübelpflanzen und Geranien auf Balkon und Terrasse stellen.
- Hecken entfalten ihre Formschönheit erst nach dem Schnitt. Nun Sträucher wie Forsythie, Hibiskus, Goldregen und Flieder zurückschneiden und bei Bedarf teilen. Um den jungen Trieben Platz zu machen, müssen die alten Zweige direkt am Ansatz der Pflanze entfernt werden.
- Für einen begrünten Balkon und als Sichtschutz können Kletterer wie Geißblatt oder Glyzinien gepflanzt werden. Sie schießen schnell in die Höhe und tragen bald wunderschöne Blüten. Glyzinien brauchen eine starke Rankhilfe, da sie schnell an Gewicht zulegen und armdicke Stämme bilden können.

SCHÄDLINGE UND NÜTZLINGE IM FRÜHLING

- Sobald sich die Erde etwas erwärmt hat, treiben die Schnecken wieder ihr Unwesen. Es ist wichtig, die ersten Generationen einzusammeln, um die Population zu schwächen.
- Die Larven des Dickmaulrüsslers leben im Boden und fressen an den Wurzeln. Eine biologische Bekämpfung mit Fadenwürmern, sogenannten Nematoden, ist ratsam. Nematoden bewegen sich im feuchten Boden fort und suchen die Käferlarven aktiv auf. Sie dringen in diese ein und geben dabei ein für Warmblüter und Menschen völlig unschädliches Bakterium frei, das die Schädlinge innerhalb weniger Tage absterben lässt. In den getöteten Larven vermehren sich die Nematoden rasant. Nach etwa 14 Tagen verlassen bis zu 300 000 neue Nützlinge den Kadaver und machen sich auf die Suche nach weiteren Larven des Käfers. So halten Nematoden die Schädlinge auf natürliche Weise in Schach. Nematoden erhalten Sie im Gartenfachhandel.
- Mit engmaschigen Netzen werden die Gemüsekulturen vor Kohl-, Karotten- und Zwiebelfliege geschützt. Die Pflanzen direkt nach der Aussaat oder Pflanzung mit Netzen bedecken, um die Eiablage zu verhindern.
- Wildbienen, Florfliegen, Marienkäfer und Schlupfwespen gehören zu den nützlichsten Helfern im Garten. In hohlen Bäumen, Schilfrohrstängeln und Insektennistkästen finden sie den idealen Unterschlupf. Wo immer möglich, sollten im Garten Nistmöglichkeiten geschaffen werden.
- An den ersten feuchtwarmen Tagen treten bereits große Blattlauskolonien auf. Wichtig ist daher, dass Nistplätze für Nützlinge aufgestellt wurden, zum Beispiel Schlupfsäcke und umgestülpte, mit Holzwolle gefüllte Tontöpfe für Ohrwürmer.
- Mit frühjahrsblühenden Pflanzen wie Narzissen, Traubenhyazinthen, Schlehe und Weißdorn locken wir Nützlinge an. Auch Kräuter wie Kümmel, Liebstöckel, Fenchel und Ringelblumen erfüllen diese Funktion.

Biologische Nützlinge wie Nematoden und Marienkäfer sowie Hilfsmittel wie Ohrwurmsäcklein, Igelunterschlüpfe, Fledermaushöhlen, Insektennistkästen sind im Fachhandel erhältlich oder zum Beispiel unter www.biogarten.ch, www.neudorff.de, www.gartenboxx.at

SOMMER

Leben al fresco

Die wärmsten Wochen des Jahres stehen bevor. Nichts hält uns jetzt mehr drinnen. Freunde und Bekannte wissen, dass sie uns nun kaum noch im Haus antreffen, da wir den Garten den ganzen Tag und bis über das Eindunkeln hinaus genießen. Wir leben nach Möglichkeit »al fresco«, also draußen unter freiem Himmel, solange es das Wetter zulässt. Für uns ist diese Jahreszeit eine der schönsten. Wenn man ganze Tage im Freien verbringen kann, fühlt man sich noch enger mit der Natur verbunden. In diesen Momenten bekommen wir wieder ein Gefühl dafür, wie wenig es doch braucht, um Glück zu erfahren. Oft haben wir auch Besucher im Garten. Was gibt es Schöneres, als laue Sommerabende mit Freunden zu genießen und sich nach Lust und Laune mit den reichen Gaben des Gartens zu verköstigen? Was für ein Genuss und Luxus das doch ist!

<< Lupinensamenernte. Die Samen der schönsten und robustesten Pflanzen werden von Hand geerntet.

< Goldmelissenblüten werden für feine Teemischungen und zur Herstellung von Sirup verwendet.

∨ Der Garten ist unser Rückzugsort, ein Ort der Geborgenheit und gleichzeitig unser Fitness-Center.

EIN SOMMERGARTEN FÜR DIE SINNE

Im Sommer unter einem Schatten spendenden Baum zu verweilen, ein buntes Blumenbeet zu betrachten, Gräser, die sich im lauen Wind wiegen, Vogelgezwitscher in einheimischem Gehölz, das sind Erfahrungen, die einem das Herz öffnen. Der sommerliche Garten regt die Sinne an und hält jeden Tag neue Entdeckungen bereit. Instinktiv greifen Hände zu Früchten und Blättern, schnuppern Nasen an Blüten. Manchmal kommt es vor, dass ich mein eigentliches Ziel aus den Augen verliere, weil mich eine Pflanze, eine Hummel, ein Schmetterling so sehr in den Bann gezogen hat.

Unsere Besucher sind immer wieder überwältigt angesichts der Pflanzenpracht und Üppigkeit unter Bedingungen, die eigentlich nicht sonderlich »gartentauglich« sind. Dabei glauben wir nicht an den sogenannten grünen Daumen, sondern sind der Meinung, dass sich der Erfolg von selbst einstellt, sobald man etwas mit Begeisterung, Liebe und Herzblut tut. Früher hatten wir großen Respekt vor alten, erfahrenen Gärtnern – zuweilen schüchterten sie uns sogar etwas ein. Doch mit zunehmender Erfahrung und Routine erlauben wir uns, manche Gartenregeln zu umgehen, und tun heute oft Dinge, die nicht den üblichen Empfehlungen entsprechen.

So setzen wir zum Beispiel auf den Hügelbeeten Pflanzen, die sich nach gängiger Auffassung eigentlich nicht vertragen, wie Schnittlauch und Petersilie, die hier prächtig nebeneinander gedeihen. Wir ziehen dank des günstigen Mikroklimas Artischocken, Feigen und Zitronen in einer Höhenlage, in der dies nach gängiger gärtnerischer Meinung eigentlich nicht möglich ist. Wir lassen Kartoffeln, Knollensellerie, Fenchel, Randen (Rote Bete) und anderes mehr in den wärmenden Hügelbeeten im Boden und ernten immer frisch nach Bedarf. In den Hügel- und Hochbeeten ist so viel Energie gespeichert, dass wir sogar im Herbst noch Karotten, Radieschen und Salate aussäen und dann den ganzen Winter hindurch ernten können. Vorausgesetzt natürlich, dass die Pflanzen nicht wochenlang starkem Frost ausgesetzt sind. So können wir nicht nur vier bis fünf Monate frisches Gemüse ernten, sondern oft acht bis zehn Monate, auch dies entgegen der üblichen gärtnerischen Lehrmeinung.

DIE ERNTEZEIT NAHT

Praktisch alles, was wir zeitig im Frühjahr ausgesät und ausgepflanzt haben, ist jetzt und in den folgenden Wochen erntereif. Wir kehren jeden Abend mit einem Korb voll aromatischer Tomaten, Zwiebeln, Salate, Auberginen, Artischocken und herrlich duftenden Kräutersträußen ins Haus zurück. Die Rosen blühen in voller Pracht und verströmen einen betörenden Duft.

REGELMÄSSIG ERNTEN

Regelmäßiges Ernten erhöht bei vielen Pflanzen wie Gurken und Zucchini den Ertrag, da die Pflanze dann ihre Kraft den jüngeren, noch unreifen Früchten zukommen lassen kann. Zucchini schmecken am besten, wenn die Früchte nicht länger als 15 cm sind. Bei größeren Exemplaren wird das Fruchtfleisch schnell holzig und schmeckt nicht mehr so gut. Ohnehin schmecken kleine und jung geerntete Exemplare in der Regel am besten, so auch von Karotten, Kohlrabi, Kefen (Zuckerschoten), Brokkoli, Lattich, Rucola und vielen anderen.

ESSBARE KAPUZINERKRESSE

Der sommerliche Garten ist von den kräftigen Farben, Formen und Düften einjähriger Blumen und Kräuter erfüllt. Die meisten dieser Pflanzen haben essbare Blüten, Blätter und Samen. Kapuzinerkresse beispielsweise wächst problemlos in jedem Garten. Die pfeffrig scharfen Blätter enthalten Vitamin C, und die leuchtenden Blüten geben als Dekoration jedem Salat das gewisse Etwas.

Die Samen können auch als »falsche Kapern« verwendet werden. Hier das Rezept dazu:

- 2 Handvoll Kapuzinerkressesamen
- 120 ml Wasser
- 70 ml weißer Balsamicoessig
- 1 TL Salz
- 2 Lorbeerblätter
- 1 EL Pfefferkörner

Die Samen in einem Sieb waschen, dann mit Wasser, Essig, Salz und Lorbeer in einen Topf geben, kurz aufkochen und anschließend 15 Minuten ziehen lassen. Die Lorbeerblätter entfernen. Die Samen samt Sud in saubere, sterilisierte Einmachgläser füllen; die »Kapern« sollten mit Sud bedeckt sein. Pfefferkörner auf die Gläser verteilen. Gut verschlossen 3–4 Wochen ziehen lassen. Ideal zu Pizza und mediterranen Gerichten.

> Vom Garten frisch auf den Tisch. Die kleinen, jungen Baby-Zucchini schmecken am besten. Die zarten Blüten sind, zum Beispiel mit Lachsmousse gefüllt und gedämpft, eine wahre Delikatesse.

> Kohlrabi wird den ganzen Sommer hindurch für feine Salate, Suppen und Gemüse verwendet.

>> Links: Artischocke
Rechts: Clematis

SOMMER 87

< Der Wind trägt den einzigartigen Duft von frischem Lavendel ins Haus. Bienen und Hummeln werden von ihm angezogen und verrichten ihre wertvolle Bestäubungsarbeit im Garten.

SEGENSREICHER LAVENDEL

Lavendelsträucher werden in südlichen Gefilden gern in der Nähe des Hauses gepflanzt, damit ihr Wohlgeruch das Haus durchströmt. Er findet Verwendung in Duftsäckchen für Wäsche- und Kleiderschrank, als Badezusatz und als Duftstoff für Parfüms, Seifen und Hautcremes. Sein ätherisches Öl wirkt außerdem heilend bei Verbrennungen und Wunden und hat einen beruhigenden Effekt auf die Sinne.

Lavendel lockt Bienen, Hummeln und Schmetterlinge in den Garten. Er ist sehr einfach zu kultivieren und kann über viele Jahre am selben Standort belassen werden. Als Unterpflanzung von Rosen bildet der Lavendel mit seinen weißlich rosa bis blauvioletten Farbtönen eine attraktive Farbkomposition und hält gleichzeitig Läuse von den Rosen fern. In der Mischkultur gesellt er sich zu Gemüse und Kräutern oder wird wie in der Provence unter Obstbäume gepflanzt, um die für Mandel-, Aprikosen- und Kirschbaum nötigen bestäubenden Nützlinge anzulocken.

GARTENARBEIT IM SOMMER

Der Sommer ist für uns die Zeit, in der die Arbeit draußen so richtig Spaß und Freude macht. Das Gärtnern ist jetzt angenehm, denn die anstrengenden Tätigkeiten wie das Vorbereiten der Beete, das Säen und Pflanzen sind abgeschlossen. Wichtig ist, dass auch jetzt die Routinearbeiten nicht vernachlässigt werden. Das heißt: immer wieder jäten, um den Boden unkrautfrei zu halten, ausreichend gießen und die Schädlinge im Auge behalten.

RICHTIG GIESSEN

Zu den wichtigsten Aufgaben an warmen Frühsommer- und Sommertagen gehört das Wässern der Pflanzen. Am besten gießt man frühmorgens, denn in der Mittags- und Nachmittagshitze verdunstet das Wasser sehr schnell, und Wassertropfen auf den Blättern können zudem zu Verbrennungen führen, da sie wie ein Brennglas wirken. Wir haben außerdem festgestellt, dass es so auch zu weniger Schneckenbefall kommt. Denn die Pflanzen haben den Tag über Gelegenheit abzutrocknen, bevor nach Sonnenuntergang die gefräßigen Plagegeister auftauchen, die von Feuchtigkeit zusätzlich angezogen werden. Wer am Abend wässert, läuft Gefahr, dass sich die Schnecken dann nachts hemmungslos über die nassen Pflanzen hermachen.

Jungpflanzen müssen häufiger gegossen werden, da sie noch keine starken Wurzeln ausgebildet haben. Prinzipiell sollte man nur die Erde um die Pflanzen herum gießen und nicht die ganze Pflanze mit Wasser benetzen – denn dadurch breiten sich auf den Blättern schnell Pilzerkrankungen aus.

Wir wässern den Garten ebenso wie die Pflanzen in den Töpfen und Kübeln am frühen Morgen, denn in der Nachmittagshitze würde das Wasser sehr schnell verdunsten und die Wassertropfen könnten zu Verbrennungen auf den Blättern führen. Bei morgendlichem Gießen kommt es zu weniger Schneckenbefall, da die gefrässigen Plagegeister sich mit Vorliebe über feuchte Pflanzen hermachen.

Tipp: Für den faulen Gärtner, der nicht stundenlang mit Gartenschlauch oder Gießkanne zugange sein will, gibt es im Fachhandel sogenannte Tropfschläuche, die bleibend auf den Beeten ausgelegt werden und von Hand oder mittels Zeitschaltuhr und Feuchtigkeitsmesser aktiviert werden können.

Tipp: Bei kurzen Abwesenheiten, etwa übers Wochenende, stecken wir mit Wasser gefüllte Glasflaschen umgedreht (kopfüber) in die Erde der mit Kräutern, Minigemüse und Geranien bepflanzten Balkonkästen und Kübel, um sicherzugehen, dass die Pflanzen während unserer Abwesenheit nicht austrocknen. Das Wasser wird aus der Flasche langsam an die Erde abgegeben, sodass die Pflanzen auch bei großer Hitze nicht austrocknen.

DIE GUTE ALTE REGENTONNE

Um längere Trockenzeiten zu überbrücken, sammeln viele Gärtner Regenwasser, was wir für sehr sinnvoll halten. Für die Gartenbewässerung braucht es nämlich keine Trinkwasserqualität. Durch die Nutzung des Regenwassers werden nicht nur die Grundwasservorräte geschont, sondern gleichzeitig der Energieaufwand für die Trinkwasseraufbereitung reduziert, Kläranlagen und Kanalnetze entlastet und dabei bis zu fünfzig Prozent des durchschnittlichen Wasserverbrauchs einer gärtnernden Familie gespart und damit das Haushaltsbudget erheblich entlastet – also Anreiz genug.

> Baby-Zucchini mit Blüte, eine Delikatesse.

Tipp: Wir sammeln das Regenwasser aus der Dachrinne des Ökonomiegebäudes und des Gartenhauses in 300-Liter-Fässern, an die wir im unteren Bereich Tropfschläuche montiert haben, die direkt in die Gemüsekulturen verlegt sind. Durch die Hanglage mit 24 Prozent Gefälle hat das Wasser genügend Druck, und die einzige Arbeit besteht darin, bei Bedarf das Ventil zu öffnen. Clever, nicht wahr?

Aber aufgepasst: In Regentonnen sammelt sich nicht nur das Wasser, sondern oft auch die Larven von Stechmücken, die bereits nach wenigen Tagen schlüpfen und zur Plage werden. Damit die Regentonnen nicht zur Brutstätte werden, decken wir sie mit einem Deckel ab. Auf diese einfache Weise lagert das Wasser dunkel und geschützt vor Insekten.

UNKRAUT IM KEIM ERSTICKEN

Im Sommer hat man oft den Eindruck, dass das Unkraut schneller wächst als das Gemüse. Daher kratzen wir die Oberfläche der Beete vorbeugend regelmäßig mit der Pendelhacke auf; dadurch wird das Unkraut nachhaltig gestört und hat keine Chance, zum Keimen zu kommen. Das ist in jedem Fall einfacher, als später mühsam Unkraut zu jäten.

KOMPOST GEBEN

Für einen reichen Ertrag benötigen Obst und Gemüse in der Wachstumsphase und kurz vor der Ernte sehr viele Nährstoffe aus dem Boden. Daher gilt es jetzt, den Boden gut mit Nährstoffen zu versorgen und vor Auslaugung zu schützen. Nachdem die Gartenbeete im Frühjahr bereits eine leichte Kompostgabe erhalten haben, geben wir unseren Pflanzen im Frühsommer nochmals eine leichte Kompostgabe. Grundsätzlich decken etwa 2–4 Liter Kompost pro Quadratmeter und die Zugabe eines ergänzenden biologischen Stickstoffdüngers den Nährstoffbedarf für ein ganzes Kulturjahr. Dabei ist zu berücksichtigen, dass Starkzehrer wie Kohl, Tomaten, Kürbisse und Zucchini mehr Nährstoffe brauchen als Schwachzehrer wie Salate und Kräuter. (Siehe auch die Hinweise zu Dünger und Düngemengen unter den einzelnen Pflanzennamen im Anhang, Seite 190–207.)

Nachhaltigkeit: Denke bei allem, was du tust, an mindestens drei Generationen nach dir, und verhalte dich entsprechend.

^ Wir spritzen die historischen Duftrosen vorbeugend alle 10 bis 14 Tage mit biologischen Stärkungsmitteln.

PFLANZENSCHUTZ

Unkraut, Schädlinge und Wildtiere muss man im Sommer besonders im Auge behalten. Neben Vögeln sind auch für Schnecken, Blattläuse, Erdflöhe, Nachtfalter, Marder, Füchse und weitere Eindringlinge die Jungpflanzen ein Festschmaus. Deshalb machen wir morgens und abends einen Gartenrundgang, um die Beete nach diesen unliebsamen Artgenossen abzusuchen.

Mischkulturen von Lauch, Karotten und Zwiebeln haben sich bewährt, da diese Pflanzen sich durch ihre Ausdünstung gegenseitig darin unterstützen, unliebsame Schädlinge fernzuhalten. Über die Jahre haben wir festgestellt, dass unsere selbst gezogenen Jungpflanzen gegenüber den zugekauften viel schädlingsresistenter und robuster sind.

Einige Gemüsesorten überdecken wir während der ganzen Kultur- beziehungsweise der möglichen Befallszeit zum Schutz vor Schädlingen mit feinmaschigen Netzen. So schützen wir sämtliche Kohlgewächse gegen den Kohlweißling, Karotten, Sellerie und Petersilie gegen die Karotten- oder Möhrenfliege, Lauch gegen die Lauchmotte. Dadurch lässt sich verhindern, dass die Schädlinge ihre Eier auf den Pflanzen ablegen. Netze mit mittelgroßen Maschen halten Vögel von Gemüse, Beeren und Obstbäumen ab.

Wir pflanzen Lavendel zu den Rosenstöcken und siedeln vorbeugend Nützlinge wie Marienkäfer und Ohrwürmer in umgestülpten, mit Stroh gefüllten Tontöpfen und Ohrwurm-Schlupfsäcken an; sie räumen im Nu mit den Läusen auf.

In einem gesunden Garten machen Schädlinge kaum Probleme. Voraussetzung sind starke, robuste und widerstandsfähige Sorten und Pflanzen, die nicht unnatürlich schnell zum Wachstum angetrieben wurden.

LÄUSE VERGRAULEN

Unter den Obstbäumen pflanzen wir Lavendel, Kapuzinerkresse und Knoblauch; das hält Läuse fern. Sollte an feuchtheißen Frühsommertagen doch einmal eine Läuseplage auftreten, stellen wir umgestülpte, mit Holzwolle gefüllte Tontöpfe als Unterschlupf für Ohrwürmer auf. Diese unermüdlichen Helfer sind neben den Marienkäfern wahre Weltmeister im Läusevertilgen. Fenchel, Dill und Koriander locken Schwebfliegen und Schlupfwespen an, die Kohlweißlingen und Blattläusen den Garaus machen.

ROSEN VOR KRANKHEITEN SCHÜTZEN

Schönheit hat ihren Preis. Mit Mehltau, Sägewespen und Blattläusen bekommt es wohl jeder Rosenliebhaber früher oder später zu tun. Die alten Rosensorten sind weniger anfällig, und manche Sorten wie zum Beispiel die Rugosa- oder Kartoffelrose bekommen praktisch keine Krankheiten. Bei uns sind es immer die gleichen Stöcke, die etwas anfälliger sind als andere. Diese behandeln wir vorbeugend mit biologischen Spritzmitteln.

Folgende Maßnahmen haben sich für uns bewährt:
- Nach dem Schneiden immer alles Laub entsorgen und befallenes Laub nicht kompostieren, sondern separat lagern. Wir haben dafür einen separaten Kompostplatz am Rande des Gartens angelegt.
- Mit dem Blattaustrieb beginnend, spritzen wir regelmäßig vorbeugend alle 10 bis 14 Tage mit einem biologischen Stärkungsmittel (z. B. Foenicur, www.biogarten.ch) und einer Milch-Wasser-Mischung (Laktose), im Verhältnis 1:6 verdünnt. Wenn man die ersten Anzeichen sieht, ist der Befall schon fortgeschritten.
- Gleichzeitig hängen wir Schlupfsäcke für Ohrwürmer auf, die mit den Blattläusen aufräumen.

Rezepte für biologische Stärkungsmittel finden Sie im Anhang auf Seite 214.

GRÜNDÜNGUNG NACH DER ERNTE

Die Ernte rückt näher. Gründüngungen sind empfehlenswert für Flächen, die nach der Ernte frei geworden sind, wie zum Beispiel auf Kartoffel-, Kohl- und Bohnenbeeten sowie unter Beerenkulturen. Eine Gründüngung (z. B. Bienenweide) unterdrückt das Unkraut durch die entstehende Bodendecke und verbes-

< Himbeeren sind eine unserer Lieblingsfrüchte. Wir kultivieren 'Autumn Bliss' und 'Meeker'.

sert die Bodenstruktur durch Lockerung und Anreicherung mit organischem Material. Außerdem liefert die Gründüngung Nährstoffe, die Folgepflanzen nutzen können, und schützt die Erde bei starkem Regen vor dem Auswaschen.

BEERENZEIT

ERDBEEREN

Heute, wo wir nahezu das ganze Jahr über Erdbeeren essen können, wissen wir ihren einzigartigen Geschmack oft gar nicht mehr richtig zu schätzen. Stellen wir uns vor, wie es war, als es Erdbeeren nur für kurze Zeit im Frühsommer gab – das erste Beerenobst des Jahres, meist liebevoll gehegt und gepflegt, manchmal sogar mit einer Glasglocke abgedeckt, um die Früchte eine oder zwei Wochen früher als üblich zur Reife zu bringen. Es gab unzählige Sorten mit wundervoll klingenden Namen wie zum Beispiel Mara des Bois, Florence, Symphony und Apricot Chinoise.

Im Gegensatz dazu verzehren wir heute das ganze Jahr über wässrige, übergroße Früchte, und die Auswahl beschränkt sich auf ein paar wenige Sorten. Glücklich, wer einen Garten pflegt und die Möglichkeit hat, alte Sorten aufleben zu lassen.

Mara des Bois: Diese französische Sorte überzeugt mit intensivem Walderdbeeraroma und fruchtiger Süße, vor allem aber mit ihrer enorm langen Tragzeit von Juni bis Oktober. Die mittelgroßen, kegelförmigen Früchte sind leicht pflückbar. 'Mara des Bois' ist eine selbsbefruchtende Sorte; sie stellt keine besonderen Bodenansprüche und ist kaum anfällig für Frucht- und Wurzelfäule.

Mieze Schindler: Diese kleinen zarten Früchte lassen alle neuen primär auf Größe gezüchteten Sorten geschmacklich weit hinter sich. Das Aroma geht stark in Richtung Walderdbeere, mit einem intensiven Duft und feiner Säure. Die Reifezeit reicht von Ende Juni bis Mitte Juli. 'Mieze Schindler' bildet ausschließlich weibliche Blüten und muss deshalb zusammen mit einer passenden Befruchtersorte gepflanzt werden.

Korona: Eine mittelfrühe Sorte mit großen dunkelroten, auch innen rot gefärbten Früchten mit reichem, süß-fruchtigen Aroma. Die Sorte ist selbstbefruchtend und liefert einen hohen Ertrag.

Florence: Diese spät reifende englische Züchtung trägt große dunkelrote, aromatische Früchte mit einem sehr fruchtigen, frisch-säuerlichen Geschmack. Sie bringt einen guten Ertrag und ist – was neben dem Geschmack das zweite Zuchtziel war – sehr robust und kaum anfällig für Krankheiten. Die selbstbefruchtende Sorte ist zugleich ein guter Befruchter für 'Mieze Schindler'.

⌄ Schlehen und Weißdornbeeren. Die Schlehe ist eine der Vitamin-C-reichsten Früchte, aber Vorsicht: Die Kerne sind giftig!

WALDERDBEEREN

Unsere absoluten Lieblinge sind die kleinen Walderdbeeren, die nur sehr wenig Platz beanspruchen und ein unvergleichliches Aroma haben. Die ersten Züchtungen stammen von Augustinermönchen, die Pflanzen mit besonders schmackhaften kleinen Früchten zogen. Mit dem Auftreten der großfrüchtigen Gartenerdbeere wurde die Walderdbeere weitgehend vom Markt und aus den Gärten verdrängt. Die Pflanzen tragen hauptsächlich im Juni und Juli.

Walderdbeeren ergeben eine herrliche Konfitüre, sofern man genügend Früchte ernten kann, sind aber auch köstlich, wenn man täglich nur einige wenige pflücken kann und sie frisch über das Müesli streut.

REZEPT: »KONFITÜRE« VON WALDERDBEEREN

Diese feine Konfitüre ist für den sofortigen Gebrauch einfach und schnell herzustellen. 2 bis 3 Handvoll Walderdbeeren pflücken, waschen, 1 Esslöffel Honig zugeben und alles mit dem Pürierstab gründlich mixen – fertig. Die Herstellung dauert nur 2 bis 3 Minuten.

Zu den Geheimnissen eines guten Lebens gehört, die Glücksmomente der Kindheit wiederzuentdecken. Es sind die einfachen Dinge, die uns glücklich machen.

EIN NEUES ERDBEERBEET ANLEGEN

Da Fruchtgröße und Ertrag bei Erdbeeren mit jedem Jahr abnehmen, sollte der Bestand nach drei bis vier Jahren erneuert und an einem neuen Platz im Garten ein frisches Erdbeerbeet angelegt werden. Die ideale Zeit dazu ist nach der Ernte im August. Erdbeeren bevorzugen offene, sonnige Lagen, die nicht zu windig sind. Sie sind relativ winterhart, reagieren jedoch manchmal empfindlich auf Spätfröste, da die Blüte früh einsetzt. Die Ansprüche an den Boden sind eher gering; wichtig ist, dass er durchlässig ist und keine Staunässe entstehen kann. Ideal ist ein gut durchlüfteter, humoser, leicht sandiger Lehmboden. Bei der Neuanlage gilt es eine Fruchtfolge einzuhalten und die bestimmte Fläche nur alle drei bis vier Jahre mit Erdbeeren zu bepflanzen.

Vor der Pflanzung lockern wir das Beet gründlich mit dem Kultivator oder Sauzahn.

Für die humusliebende Erdbeere ist Kompost der am besten geeignete Dünger. Wir arbeiten 3 bis 4 Liter pro Quadratmeter leicht in den Boden ein. Neben dem Düngeeffekt verbessert der Kompost das Bodenleben und die Humusbildung.

Die Pflanzen setzt man im Abstand von 30 cm in der Reihe, bei einem Reihenabstand von 60 cm. So tief pflanzen, dass der Wurzelhals (das Herz) nur knapp über der Erde liegt. Zu hoch gepflanzte Erdbeeren können zu einer gehemmten Wurzelbildung führen. Nach dem Setzen werden die Erdbeer-Jungpflanzen einzeln gewässert. Der Boden wird durch eine Mulchschicht aus Laub, Rindenmulch, Grasschnitt oder Stroh vor dem Austrocknen geschützt und dadurch gleichzeitig unkrautfrei gehalten. Wenn bei der Pflanzung ein größerer Reihenabstand gewählt wird, kann im ersten Jahr Gemüse zwischen den Reihen gepflanzt werden. Geeignet sind Radieschen, Spinat, Rucola, Steckzwiebeln und einjährige Gewürzkräuter.

Sind im folgenden Frühjahr die im August gepflanzten Erdbeeren gut angewachsen, decken wir die Erdoberfläche zwischen den Pflanzen mit Stroh ab, damit die heranreifenden Früchte nicht auf dem Boden liegen, schmutzig werden und faulen.

WARUM ALTE FRUCHT- UND OBSTSORTEN KULTIVIEREN?

Wir werden von unseren Besuchern immer wieder gefragt, warum wir alte Frucht- und Obstsorten pflegen und warum diese Sorten praktisch ausgestorben sind. Dies soll hier am Beispiel der Walderdbeere erläutert werden. Wie erwähnt wurde die Walderdbeere

∧ Schlehen sind wertvolle Früchte, die zu einem kräftespendenden Elixier verarbeitet werden.

mit dem Auftreten der großfruchtigen Gartenerdbeere weitgehend vom Markt und aus den Gärten verdrängt. Zur Effizienzsteigerung in der weiteren Verarbeitung standen in den letzten Jahrzehnten eher Quantität und Größe der Früchte im Zentrum der Zucht- und Anbaumethoden. Um ein Kilogramm Walderdbeeren zu pflücken, braucht es viel mehr Zeit als für die gleiche Menge einer modernen großfruchtigen Handelssorte. Doch mit dem Vorrang der Kriterien Transport- und Lagerfähigkeit sowie Gleichförmigkeit der Früchte trat in vielen Fällen die geschmackliche Qualität in den Hintergrund. Wir ziehen es vor, Zeit zu investieren, einen Garten anzulegen, alte Sorten zu pflegen und Kriterien wie Geschmack, Vielfalt und Eignung zur Selbstversorgung und damit gesundem biologischem, nicht manipuliertem Saatgut den Vorzug zu geben. Damit behalten wir uns ein kleines Stück Unabhängigkeit und Eigenverantwortung für unsere Umwelt und unsere eigene Gesundheit.

Einheimische Wildobstarten sind in der Regel robuste, recht anspruchslose Bäume, Büsche und Sträucher, sie liefern vielfältig nutzbare Früchte und bieten zum Teil ungewöhnliche Geschmackserlebnisse. Zudem sind sie eine Bienenweide, dienen Vögeln als Nahrung und sind dank ihrer Blütenfülle auch von hohem Zierwert. Nicht zu vergessen ist der weitaus geringere Pflegebedarf der robusten Wildobstarten, die man meist praktisch sich selbst überlassen kann.

STACHELBEEREN

Stachelbeeren wurden früher in der Pfingstzeit gegessen. Sie gehörten zu den ersten frischen Früchten der Saison, die es in ausreichend großen Mengen gab. Stachelbeeren passen zu gehaltvollen, fetten Speisen und eignen sich für Kompott, Gelee und Konfitüre. Stachelbeersträucher gedeihen in unserem kühlen, nördlichen Klima fast auf jedem guten Boden. Im Gegensatz zu den verlockend roten Beerenfrüchten wie Himbeeren, roten Johannisbeeren und Erdbeeren, die sich bei Vögeln größter Beliebtheit erfreuen, werden die grünen harten Stachelbeeren von ihnen meist verschmäht.

Stachelbeeren stellen keine besonderen Ansprüche an den Boden. Besonders gut geeignet sind mittelschwere, durchlässige Böden. Im Herbst geben wir jeweils zwei bis vier Gabeln Mist und etwas Kompost um die Pflanze, decken mit Rindenmulch ab und verabreichen im Frühjahr etwa 100 g organischen Beeren-Volldünger pro Quadratmeter.

»KLETTERBÜSCHE«

Aus Weidenruten lassen sich im Garten relativ leicht »Kletterbüsche« flechten. Einem kleinen Tipi gleich, bieten sie Kindern im Sommer ein grünes, blühendes Zelt und Gemüsesorten wie Rondini und Kürbisse perfekte Voraussetzungen, um in die Höhe zu ranken.

Die beste Zeit zum Aufstellen eines Weidenruten-Tipis ist der Vorfrühling, wenn die Ruten noch ohne Laub sind. Mit den langsam steigenden Temperaturen entwickeln die Ruten Wurzeln, um ihr frisches Grün mit Wasser und Nährstoffen zu versorgen. Weiden lieben einen sonnigen freien Standort.

SO GEHEN WIR VOR:
Zunächst stellen wir das Baumaterial bereit, indem wir etwa 2 bis 3 cm dicke und 2 bis 3 m lange Ruten schneiden. Der Schnitt muss spätestens bis zum Austrieb der Kätzchen im Februar und März erfolgt sein. Die frischen Ruten sollten gleich gepflanzt werden, damit sie nicht austrocknen. Mithilfe eines Pfahls und einer Schnur ziehen wir je nach Platzverhältnissen einen Kreis von 1,5 bis 2 m Durchmesser. Mit Schaufel und Spaten heben wir entlang der Kreismarkierung einen etwa 20 cm tiefen, spatenbreiten Graben aus.

Anschließend stellt ein Helfer die Ruten in einem 45-Grad-Winkel in den Graben, während die zweite Person den Graben rund um die Ruten mit Kompost auffüllt. Der Rutenabstand soll zwischen 5 und 10 cm betragen, je nachdem wie dicht die Weidenhütte werden soll und wie viele Ruten zur Verfügung stehen.

>> Erbsenblüte

< Lavendel und Duftgeranien pflanzen wir in Töpfen und Kübeln in Hausnähe, um lästige Fliegen und Ungeziefer fernzuhalten.

˅< Im Hochbeet wird Rucola gesetzt.

˅ Kräutertöpfchen sind ein beliebtes Mitbringsel für Freunde.

Dann können dünnere Ruten horizontal eingeflochten werden, um die Konstruktion zu verstärken. Im Frühjahr können, wie oben beschrieben, Rondini oder Kürbisse an die Weidenruten gepflanzt werden und sich an diesen hochranken. So haben die Kinder ein wunderbares Tipi zum Verweilen und die Familie gleichzeitig Rondini und Kürbisse für Gartenfeste im Sommer und Herbst.

URBANE GARTENLUST – GÄRTNERN AUF BALKON UND TERRASSE

Urbanes Gärtnern ist in, und wir sind überzeugt, dass es sich bei diesem Phänomen nicht bloß um einen kurzfristigen Trend handelt, sondern dass immer mehr Stadtbewohner Lust auf Selbstgezogenes vom eigenen Balkon haben. Dabei sind der Kreativität keine Grenzen gesetzt. Wer keinen Garten besitzt, muss nicht auf eigenes Gemüse, Kräuter und Blumen verzichten. Mit ein paar Quadratmetern Balkon und ein wenig Kreativität kann man auch mitten in der Stadt einen kleinen Nutzgarten anlegen.

Viele Küchenkräuter ebenso wie Gemüse und Salate lassen sich auf dem Balkon kultivieren. Rote Tomaten, gelbe oder orange Paprika und die Blütenpracht von Schnittlauch, Kapuzinerkresse, Borretsch und Goldmelisse sind dekorativ und bereichern jede Küche. Balkongemüse kann eine echte Alternative zum Gemüse aus dem Supermarkt sein: keine Transportwege – ökologischer geht es nicht. Kinder lieben es ohnehin auszusäen und den Pflanzen beim Wachsen zuzusehen.

Ein sonniger und windgeschützter Balkon ist hervorragend geeignet für den Anbau wärmeliebender Fruchtgemüsearten wie Auberginen, Paprika oder Tomaten. Für Salatliebhaber empfehlen sich schnell wachsende Pflücksalate – diese gedeihen im Balkonkasten ideal. Und auch Küchenkräuter wie Basilikum, Schnittlauch, Dill, Thymian, Rosmarin und Minze sollten nicht fehlen.

TOMATEN, GURKEN UND KRÄUTER AUF DEM BALKON

Auf Wochenmärkten und im Gartencenter kann man vorgezogene kleine Tomatenpflanzen kaufen. Diese haben den Vorteil, dass man sie nach den Eisheiligen (Mitte Mai) direkt in Kübel auf dem Balkon setzen kann. Man stützt die Pflanzen mit einem Stab gegen Umfallen oder Abbrechen. Dazu den Haupttrieb (Stamm) mit Bast an den Stab binden. Bei stark wachsenden Sorten muss der Trieb regelmäßig am stützenden Stab nachgebunden werden.

Im Fachhandel gibt es eine große Auswahl an Tomatendüngern, doch wir arbeiten hauptsächlich mit eigenen Brennnessel- und Beinwellauszügen (siehe Seite 214).

∧ Frisch gepflückte, vollreife »Liebesfrüchte«, in denen die Sonnenenergie gespeichert ist. Der Eigenanbau lohnt sich unbedingt.

> Wir sind dankbar für die Energie und die Kraft der Erde, die die Früchte so schön hat wachsen lassen.

Für ein schönes, gleichmäßiges Wachstum der Früchte sowie des Haupttriebs muss die Tomatenpflanze regelmäßig ausgegeizt werden. Als Geiztriebe werden die aus den Blattachseln wachsenden Seitentriebe bezeichnet, die der Pflanze unnötig Kraft rauben. Unter Ausgeizen versteht man das Entfernen der Geiztriebe. Da die unerwünschten Nebentriebe sehr weich sind, kann man sie ganz einfach mit den Fingern abknipsen. Versäumt man es, die Tomate regelmäßig auszugeizen, wachsen sowohl der Haupttrieb wie auch die Früchte schlechter, da die Pflanze zu viel Kraft in die Geiztriebe steckt. Gelbe und kranke Blätter sollen ebenfalls sofort entfernt werden, da sie von Krankheitserregern befallen sein könnten. Krankes Pflanzengut sollte nicht kompostiert, sondern verbrannt oder mit dem gewöhnlichen Haushaltsmüll entsorgt werden. (Mehr dazu im Kapitel Kompost auf Seite 154.)

Ab Ende August entfernen wir noch vorhandene Blüten, da die daraus entstehenden Tomaten in der kurzen Zeit bis zum Saisonende nicht mehr reifen könnten. Trotzdem würde die Tomatenpflanze sie mit Wasser und Nährstoffen versorgen, die den bereits vorhandenen reifenden Tomaten dann fehlten. Je nach Sorte kann man Tomaten von Juli bis Oktober ernten.

TOMATEN ERNTEN

Wenn man die selbst gezogenen Tomaten frisch vom Strauch genießt, kann man eine interessante Beobachtung machen. Pflücken wir die Früchte unter den ersten Sonnenstrahlen am Morgen, schmecken sie meist knackig, frisch und mild. Ernten wir die Tomaten in den späten Nachmittags- und Abendstunden, erleben wir warme, aromatische Gaumenfreuden. Grundsätzlich werden zuerst die Tomaten geerntet, die sich unmittelbar am Stamm befinden. Diese Exemplare sind meist besonders ausgereift.

Wollen Tomaten einfach nicht reifen, greifen wir zu einem kleinen Trick, indem wir eine vollreife Banane mitten in die Pflanze hängen. Die Frucht strömt Ethylengas aus, das den Reifungsprozess vorantreibt. Anstelle einer Banane kann man auch reife Äpfel verwenden.

Wenn der Herbst an die Türe klopft und einige Tomaten noch nicht ausgereift sind, pflücken wir diese, wickeln sie in Zeitungspapier und lagern sie bei 18 bis 20 Grad Celsius im Haus. Innerhalb weniger Tage reifen die Früchte nach. Sollte eine Tomatenpflanze noch einen üppigen Fruchtbehang haben, was bei uns nach schlechten Sommern manchmal vorkommt, müssen nicht sämtliche Früchte einzeln geerntet werden. Wir ziehen die komplette Pflanze mit den Blättern und Wurzeln aus dem Boden und hängen Sie an einer Schnur im Heizraum kopfüber auf. Die Blätter sollen an den Trieben bleiben, weil sie noch wertvolle Nährstoffe abgeben. Auf diese Weise können wir nach wenigen Tagen pralle, reife Tomaten ernten, und das oft noch bis in den Spätherbst hinein.

Tipp: Damit wir die ganze Saison hindurch Tomaten ernten können, säen wir sie ab Februar im Haus und kaufen im April und Mai Jungpflanzen bei unserem biologisch arbeitenden Gärtnermeister. So können wir ab Mitte Juni bis Ende Oktober stets frische Tomaten aus dem Garten und vom Balkon ernten.

GURKEN

Wegen ihres frischen Geschmacks sind Gurken in unserer Familie sehr beliebt. Außerdem sind sie reich an Vitaminen und Mineralstoffen. Gurken können roh als Salat oder gedünstet als Gemüse genossen werden.

Da die Gurke ursprünglich aus Nordindien stammt, bevorzugt sie einen sonnigen Standort. Eine südlich ausgerichtete Hauswand oder ein Südbalkon sind ideal. Hier sind die Pflanzen gut vor Regen geschützt und bekommen viel Wärme. Snackgurken, kurze und lange Sorten lassen sich auch gut im Kübel oder Topf ziehen. Sie benötigen allerdings viel Platz und ein entsprechend großes Pflanzgefäß. Unsere Gefäße haben einen Durchmesser von 40 bis 50 cm und eine Höhe von 60 bis 80 cm. Wichtig ist auch das Anbringen eines Rankgitters oder eines langen Bambusstabes, an dem man die Pflanzen festbindet.

Sobald die Temperaturen nachts nicht mehr unter 15 Grad fallen, kann man auf dem Balkon Gurken pflanzen. Da sie sehr durstig sind, ist im Sommer tägliches Gießen angesagt. Die Erde muss stets feucht gehalten werden. Aber Achtung: Es darf keine Staunässe entstehen. Damit wir über längere Zeit Gurken ernten können, ziehen wir sie einerseits aus Samen und setzen gleichzeitig biologische Jungpflanzen. So haben wir zu unterschiedlichen Zeiten stets erntereife Gurken.

»Wenn du einen Tag lang glücklich sein willst, dann verliebe dich. Wenn du ein Jahr lang glücklich sein willst, dann heirate. Wenn du ein Leben lang glücklich sein willst, dann pflege einen Garten.«
Chinesisches Sprichwort

^ Die Gurkenernte ist im Sommer in vollem Gange. Die jungen Exemplare finden für Salate, kalte Suppen, Smoothies und kühlende kosmetische Behandlungen Verwendung.

Nach der Aussaat im Kübel muss die Erde gut feucht gehalten werden, damit die Samen im Kübel keimen. Nach ein bis zwei Wochen beginnen die Keimlinge zu sprießen. Wichtig, damit sie gut gedeihen, ist auch die Düngung, denn Gurken sind Starkzehrer und brauchen deshalb viel »Futter«. Da wir wie oben beschrieben relativ große Gefäße nutzen, geben wir als Starthilfe eine Lage verrotteten Mist unten in den Kübel, darauf eine Lage Brennnesseln und Beinwell und füllen das Ganze mit guter Komposterde auf. Während der Wachstumsperiode gießen wir täglich mit Brennnessel- und Beinwellwasser, das die Pflanzen mit Mineralstoffen versorgt und vor Schädlingen schützt.

Wie bereits erwähnt, geht es auch hier nicht darum, Pflanzenkrankheiten zu behandeln, sondern die Pflanzen während des gesamten Wachstumszyklus gesund zu erhalten. Und damit gilt es insbesondere, den Boden gesund zu erhalten. Auf einem gesunden Boden wachsen gesunde Pflanzen für gesunde Menschen.

ERFRISCHENDER GURKEN-TIPP

Da wir meist sehr viele Gurken ernten können, sei hier noch eine kosmetische Verwendung erwähnt. Gurken beruhigen auf natürliche Weise die Haut und überanstrengte Augen. Für eine einfache Gesichtsmaske fein geschnittene Gurkenscheiben 15 Minuten auf das Gesicht und den Hals legen. Dieses Tonikum wirkt an heißen Sommertagen wunderbar erfrischend.

PRÄCHTIGE KRÄUTERTÖPFE

Die meisten Kräuter lassen sich ganz einfach auf Balkon und Terrasse ziehen. Zur Aussaat eignen sich besonders Petersilie, Basilikum, Schnittlauch, Dill, Salbei, Fenchel, Goldmelisse, Borretsch, Thymian, Pfefferminze, Kamille und viele andere. Eine unserer Lieblingspflanzen ist der Strauchbasilikum. Er blüht

^ < Zitronenmelisse beruhigt als abendlicher Tee das Gemüt und verleiht Salaten eine frische Note.

^ Rosmarin würzt mediterrane Gerichte.

besonders schön, und seine weißen bis violetten Blüten ziehen Hummeln und Bienen an.

In den Sommermonaten sollte man den Kräutern spezielle Beachtung schenken und sie regelmäßig auf Trockenheit überprüfen. An sonnigen Tagen trocknet die Erde in den Gefäßen sehr schnell aus. Je nach Standort muss täglich gegossen werden, andernfalls vertrocknen die Pflanzen. Verholzende mediterrane Kräuter wie Rosmarin, Thymian, Oregano, Lavendel und Salbei sind hingegen trockenheitsresistenter.

Wenn wir bis in den Herbst hinein mit frischen Kräutern versorgt sein wollen, fangen wir rechtzeitig mit dem Nachsäen an. Je nach unserem persönlichen Verbrauch halten wir Saatfolgen von zwei bis vier Wochen ein.

Tipp: Wir säen unsere Lieblingskräuter ab Mitte Mai im Zwei-Wochen-Rhythmus in verschiedene Töpfe, sodass wir den ganzen Sommer hindurch frische Kräuter für die Küche ernten können. Zugekaufte Pflanzen stehen im Topf meist viel zu eng und würden nach wenigen Wochen eingehen. Darum empfehlen wir, die Pflanzen auf verschiedene Töpfe oder Balkonkästen aufzuteilen. Damit die Kräuter genügend Platz haben, wählen wir Balkonkästen mit einer Länge von etwa einem Meter und pflanzen nicht mehr als vier verschiedene Kräuter in einen Kasten. Noch lieber setzen wir die Kräuter jedoch einzeln in ausreichend große Töpfe, damit sich die Pflanzen nicht gegenseitig Konkurrenz machen.

⌄ Besorgung von Eternit-Töpfen und Pflanzsäcken für die Kräuter auf dem Balkon.

PFLANZGEFÄSSE UND KLETTERGERÜSTE

Im Gartencenter kann man eine Vielzahl von Pflanzgefäßen kaufen. Vom einfachen Kunststofftopf über Tongefäße bis hin zum Balkonkasten aus Holz. Damit das Angepflanzte nicht vertrocknet oder verbrennt, verzichten wir auf schwarze Plastiktöpfe und geben Tongefäßen den Vorzug. Sie speichern überschüssiges Gießwasser und geben es später wieder in die Erde ab. Durch das Vollsaugen mit Wasser und das anschließende Verdunsten überhitzen Tongefäße weniger schnell.

Kulturpflanzen wie Tomaten, Gurken, Paprika und Auberginen brauchen große Töpfe, während für die meisten Kräuter kleinere Töpfe oder Balkonkästen ausreichen. Wärmeliebende Kräuter wie Rosmarin oder Eisenkraut pflanzen wir einzeln in Tontöpfe, die wir im Herbst an warme Standorte in der Küche oder im Wintergarten stellen, sodass auch in den kalten Monaten geerntet werden kann. Als Pflanzenerde eignet sich gewöhnliche biologische Blumenerde, die wir mit etwas Kompost anreichern.

Rankende Pflanzen wie Gurken, Tomaten oder Bohnen müssen hochgebunden werden. Dazu können entweder Stangen oder Rankgitter benutzt werden. Auf einem Freisitzplatz oder einem Balkon machen sich Rankgitter gut, die bereits in Pflanzkübel integriert sind und eine dem Gefäß angepasste Größe

< Eternit-Gefäße eignen sich hervorragend für Küchenkräuter wie Basilikum, Thymian, Petersilie, Pfefferminze, Zitronenstrauch und Bergbohnenkraut. Umgestülpte, mit Stroh gefüllte Tontöpfe bieten Ohrwürmern Unterschlupf, welche die Läuse in Schach halten.

haben. Anstelle von Rankgittern ist es auch möglich, Schnüre an der Balkondecke zu befestigen; man lässt sie einfach herunterhängen und befestigt die Kletterpflanzen daran.

Tipp: Rankende Gemüsepflanzen können auf Balkon und Terrasse auch als Sichtschutz eingesetzt werden und erfüllen so eine doppelte Funktion.

Wir verwenden das System des Aufbindens übrigens auch im Garten, denn Pflanzen wie Kürbisse, Melonen, Rondini und Gurken, die im Garten normalerweise meterweit kriechen, brauchen bei dieser vertikalen Anbaumethode viel weniger Platz und sind leichter zu ernten.

Neben den oben erwähnten Nutzpflanzen ziehen wir auch schnell wachsende Sommerblüher wie Glockenrebe, Prunkwinde, Duftwicke oder Passionsblume an den Kletterhilfen hoch. Unsere Hausfassaden haben wir längerfristig begrünt und dafür winterharte Pflanzen wie Clematis, Wilden Wein und alte Ramblerrosen gewählt.

OBSTPFLANZEN FÜR KLEINE GÄRTEN UND KÜBEL

Obst und Beeren aus dem eigenen Garten sind für mich Luxus pur. Auch wer nur einen kleinen Garten, einen Balkon oder eine Terrasse hat, kann Obst und Früchte aus dem eigenen Anbau genießen.

Spalierformen eignen sich zum Ziehen entlang von Mauern und Zäunen oder als Hecke, weniger zur Pflanzung in Gefäßen. Sie müssen an einem Gerüst befestigt werden. Pflanzen in Zwerg- oder Säulenformen hingegen können sehr gut in Gefäße gepflanzt werden, die mindestens 40 cm Durchmesser haben. Zum Auspflanzen in kleinen Gärten sind sowohl Spalier- wie auch Zwerg- und Säulenformen geeignet. Säulenformen kann man im Abstand von 50 bis 60 cm auch als Hecke pflanzen. Obstbäumchen, die im Topf kultiviert werden, können das ganze Jahr (außer bei starkem Frost oder großer Hitze) gepflanzt werden. Sie bevorzugen einen sonnigen bis halbschattigen Platz mit tiefgründigem Gartenboden. Für Gefäße ist eine hochwertige Kübelpflanzenerde zu empfehlen. Wichtig ist eine gute Drainage, um Staunässe zu verhindern.

Tipp: Zwerg- und Säulenobst im Kübel kann man mit Walderbeeren unterpflanzen – so erzielt man auch bei beschränktem Platz eine größere Ernte.

Säulen- und Zwergformen sind nahezu schorf- und mehltauresistent. Regelmäßige Kontrollen auf Schädlingsbefall, vor allem Läuse, sind jedoch zu empfehlen. Obstbäume in Gefäßen mögen regelmäßige Feuchtigkeit. Im Frühjahr ist eine Gabe biologischer Obstdünger empfehlenswert. Bei Bäumen in Gefäßen düngt man im Frühsommer nochmals nach. Die Schnittarbeiten beschränken

> In größere Kübel pflanzen wir Birken und Olivenbäumchen. Die Birke erhält Thymian als Unterpflanzung: als Bodendecker, nützliche Bestäuberpflanze, die Bienen und Hummeln anzieht, und zur Verwendung in der Küche.

sich auf das Einkürzen der Seitentriebe auf 10 bis 15 cm. Der Mitteltrieb wird auf der gewünschten Endhöhe gekappt. Zwergformen benötigen in der Regel keinen Schnitt, wobei sich ein Auslichten der Krone nach einigen Jahren empfiehlt. Um eine regelmäßige Ernte zu erhalten, sollte die Menge der Früchte spätestens Anfang Juni reduziert werden. Dies verbessert die Qualität der Früchte und fördert die Ausbildung von Blütenknospen im Folgejahr.

Bei Spalierformen muss der jährliche Winterschnitt sorgfältig ausgeführt werden, um die gewünschte Wuchsform zu erreichen beziehungsweise zu erhalten. Ansonsten sind sie gleich zu behandeln wie die übrigen Obstsorten.

Obstbäume in Gefäßen topfen wir alle vier bis fünf Jahre um, da sich die Erde im Laufe der Zeit erschöpft und völlig durchwurzelt ist. Meistens wird beim Umpflanzen ein größeres Gefäß benötigt, damit sich die Wurzeln weiterentwickeln können. Die Gefäße sollten übrigens nie direkt auf dem Boden

stehen, damit überschüssiges Wasser ungehindert abfließen kann. Zu diesem Zweck gibt es im Gartenfachhandel Terrakotta-Füßchen zum Unterstellen; einfache Holzkeile erfüllen jedoch denselben Zweck.

DRAINAGE FÜR PFLANZGEFÄSSE

Eine gute Drainage im Pflanzkübel ist ausschlaggebend dafür, dass sich keine Staunässe bildet, die längerfristig dazu führt, dass die Pflanze krank wird oder abstirbt. Wichtig ist, dass der Topf genügend Abzugslöcher hat. Bei Bedarf bohren wir mit einem Steinbohrer Löcher in den Tonboden. Dabei gilt es zu beachten, dass das Wasser durch mehrere kleine Löcher besser abfließt als durch ein großes Loch in der Mitte des Topfes.

Damit die Löcher nicht verstopfen und das überschüssige Wasser gut ablaufen kann, sollten die Pflanzengefäße eine ausreichend dicke Lage Drainagematerial enthalten. Wir wählen dazu groben Kies, Tonscherben, Astmaterial oder grobe Baumrinde. Damit füllen wir das Gefäß bis zu einem Drittel. Darauf geben wir ein durchlässiges Vlies, damit sich die Pflanzenerde nicht mit dem Drainagematerial vermischt und die Abflusslöcher verstopft. Wichtig ist auch, dass die Gefäße nicht direkt auf dem Boden stehen und dadurch die Abflusslöcher blockiert sind (siehe oben). Auf dem Vlies verteilen wir wie immer eine Lage Brennnesseln und Beinwellblätter, um den Pflanzen eine optimale Starthilfe zu geben, und füllen bei der Bepflanzung mit guter Gartenerde auf.

WURMKOMPOSTER FÜR DEN BALKON

Auch Balkongärtner müssen nicht auf wertvollen Kompost verzichten. Mit einem Wurmkomposter können wir in kurzer Zeit äußerst effektiv Küchenabfälle, Karton, Zeitungen und trockene Blätter in nährstoffreichen Kompost für unsere Pflanzen, Pflanzgefäße, Blumenbeete und Gärten verwandeln. Wenn wir Gartenabfälle, Grasschnitt oder Laub einfach liegen lassen, kann der Kompostiervorgang bis zu zwei Jahre dauern. Mit dem Wurmkomposter können wir diesen Vorgang auf nur drei Monate beschleunigen. Die eigentliche Verarbeitung der Haushaltsabfälle erfolgt durch Kompostwürmer und Mikroorganismen. Dank ihres großen Appetits fällt der nährstoffhaltige Wurmhumus regelmäßig in kleinen Mengen an und die Nutzung des Wurmkompostes ist in relativ kurzen Abständen möglich.

Kompostierbar sind alle Arten von Rüstabfällen wie Kartoffel- und gemahlene Eierschalen, Gemüse- und Obstreste, Eierkartons, Kaffee- und Teesatz, Pferde- und Kuhmist, Blumen- und Pflanzenreste, wobei Bioprodukte von Vorteil sind, da sie nicht mit Fungiziden oder Pestiziden behandelt wurden. Aus hygieni-

---

Wir schaffen optimale Bedingungen, indem wir den Boden mit Kräuterauszügen und Mineralstoffen pflegen und für eine reiche Pflanzenvielfalt sorgen. Das Ziel ist nicht die Bekämpfung von Krankheit, sondern die Gesunderhaltung des Immunsystems.

schen Gründen vermeiden wir es, gekochte Speisereste, Fleisch, Fisch, Katzen- und Hundekot in den Wurmkomposter einzubringen. Nicht verwendet werden sollten Zitrusfrüchte (zu hoher Säuregehalt), Pflanzensamen und alle nicht-organischen Stoffe.

Da Würmer keine Zähne haben, muss ihre Nahrung feucht und durch Bakterien und Pilze bereits etwas verrottet sein, damit sie diese aufnehmen können. Hilfreich ist eine feucht-nasse Jute-, Hanf- oder Filzmatte, die den gesamten Kisteninhalt abdeckt, denn sie verhindert ein oberflächliches Austrocknen der frischen Pflanzenreste. Der Inhalt des Wurmkomposters muss den Kompostbewohnern zuliebe ständig feucht gehalten werden. Die optimale »Arbeitstemperatur« der Kompostwürmer liegt bei 20 Grad Celsius, was etwa der Raumtemperatur in Wohnungen entspricht. Bei dieser Temperatur sind die Kompostbewohner am aktivsten. Temperaturen unter minus 5 Grad Celsius oder über 30 Grad sind auf Dauer tödlich für die Organismen. Im Fachhandel sind unterschiedliche Wurmkomposter-Modelle erhältlich.

KARTOFFELANBAU AUF DEM BALKON

Auf Balkon und Terrasse lassen sich Kartoffeln ganz einfach im Topf kultivieren. Häufig werden im Supermarkt nur die herkömmlichen Handelssorten wie 'Sieglinde' oder 'Bintje' angeboten. Daneben gibt es aber eine Unmenge weiterer Kartoffelsorten in allen möglichen Formen, Farben und Geschmacksnoten, die seit einigen Jahren wiederentdeckt werden. Unsere Favoriten sind 'Blaue Schweden', 'Early Rose', 'Ostara', 'Fläckler', 'Prättigauer', 'Highland Burgundy Red', 'Parli', 'Patate Verrayes', 'Röseler' und 'Acht-Wochen-Nüdeli' (Bezugsquellen: www.lasorts.ch, www.bergkartoffeln.ch, www.sativa-biosaatgut.de, www.bio-saatgut.de, www.samen-maier.de, www.arche-noah.at, www.reinsaat.at).

Der Anbau in Gefäßen auf Balkon und Terrasse ist ganz einfach und eine spannende Alternative zum Anbau im Garten. Alles, was wir dazu benötigen, ist etwas Erde und ein ausreichend großes Gefäß – je größer, desto besser. Wichtig ist, dass der Behälter über Löcher im Boden verfügt, damit überschüssiges Wasser ablaufen kann.

So geht es: Zuerst bedeckt man den Gefäßboden mit einer etwa 15 bis 20 cm dicken Schicht aus Erde, Kompost und Sand. In diese Mischung werden etwa 5 cm tief einige Kartoffeln gelegt. Um die Keimung zu beschleunigen, haben wir die Kartoffeln schon Anfang März bei 12 bis 15 Grad Celsius in Holzleisten im Keller vorgekeimt. Sobald die Kartoffeln die Sprossenspitzen aus der Erde schieben, wird eine Schicht Komposterde darübergegeben, bis kein Grün mehr zu sehen ist. Beim erneuten Durchtreiben der Spitzen wiederholt man den Vor-

> Wir pflanzen alte, bewährte Kartoffelsorten wie 'Weisse Lötschentaler', 'Parli', 'Blaue Schweden', 'Maikönig', 'Acht-Wochen-Nüdeli', 'Corne de Gatte', 'Röseler', 'Patate Verayes' und viele mehr, die mit ihren unterschiedlichen Farben, Formen und Geschmacksnoten für wahren Kartoffelgenuss sorgen.

gang – so lange, bis der Gefäßrand erreicht ist. Das schichtweise Auffüllen der Erde hat den Effekt, dass die Knollenbildung immer wieder neu angeregt wird. Wichtig ist das regelmäßige Gießen, vor allem bei heißer und trockener Witterung; die Kartoffelpflanzen verdunsten im Kübel viel Wasser. Je nach Wetter können mit dieser Anbauweise ab Juni, Juli die ersten Kartoffeln geerntet werden. Reif sind die Kartoffeln, wenn das Laub gelb wird und zu welken beginnt.

Im Gartencenter sind inzwischen auch Kartoffelpflanzsäcke erhältlich, die nur noch aufgeschlitzt werden müssen, damit die Kartoffeln wachsen können. Wem dies dann doch zu einfach ist, versucht es mit Gefäßen.

KARTOFFELTURM IN DER HOLZPALETTE

Diese Anbauweise habe ich vor vielen Jahren in einem Gemeinschaftsgarten in England gesehen. Dabei wurden auf alten Euro-Paletten mit den Maßen von 120×80 cm Kartoffeltürme gebaut.

Dazu legt man die Holzpalette auf den Boden, steckt einen Normrahmen mit den gleichen Maßen und einer Höhe von circa 30 cm auf die Palette und füllt diesen etwa 20 cm hoch mit guter Erde, in die anschließend einige Kartoffeln etwa 5 cm tief gepflanzt werden. Sobald das Kartoffelkraut etwa 20 cm gewachsen ist, häufelt man die Pflanzen mit guter Gartenerde an und setzt den nächsten Rahmen auf die Palette. Diese Arbeit des Anhäufelns mit Gartenerde, sobald das Kartoffelkraut in die Höhe sprießt, und das Aufstecken weiterer Rahmen wiederholt man, bis der Kartoffelturm eine Höhe von 90 bis 120 cm erreicht hat. Nach etwa 90 bis 100 Tagen entfernt man die Rahmen und wird staunen, wie viele Kartoffeln einem entgegenkullern. Mit diesem System und einigen meist gratis erhältlichen Paletten kann sich eine Familie das ganze Jahr über mit Kartoffeln versorgen.

> Lupinen, Roter Sonnenhut und Stockrosen ziehen Bienen und Hummeln an. Zudem sind Lupinen Bodenverbesserer, und der Rote Sonnenhut ist eine wichtige Pflanze zur Stärkung des menschlichen Immunsystems.

SAG'S MIT BLUMEN UND BLÜTEN

Essbare Blumen und Blüten sind im Trend. Die aristokratische viktorianische Gesellschaft in England liebte Blumen über alles. Sie genoss Blüten in Tees, Gebäck und Salaten, ebenso als Blütengelees und -konfitüren. Blumen dienten auch als Mittel der Kommunikation; daraus entwickelte sich die legendäre viktorianische Sprache der Blumen. Man schickte sich einzelne Blumen und ganze Sträuße als Ausdruck einer persönlichen Botschaft, oft die der Liebe und Zuneigung.

WIE SCHMECKEN BLUMEN?

Viele Blumenblüten sind reich an Vitaminen, Betacarotin und Mineralien, und sie haben kaum Kalorien. Ein großer Vorteil liegt darin, dass man keinen Garten braucht, sondern viele Blumen und Blüten ebenso wie Wildfrüchte in der freien Natur findet. Wichtig ist einzig, dass man essbare Pflanzen von giftigen unterscheiden kann. Aber wie schmecken Blüten eigentlich? Jene von Schnittlauch und Kapuzinerkresse sind würzig-pikant, Sonnenblumen leicht bitter, Ringelblumen und Kamille eher erdig. Flieder kann ausgesprochen blumig schmecken, Rosen haben oft ein süßliches Aroma mit einem Hauch von Gewürzen, Minze oder Apfel. Bei Duftgeranien reicht die Palette der Aromen von Limette über Rose bis Orange, Minze, Apfel und Zitrone. Blüten verleihen jeder Speise nicht nur feine zusätzliche Geschmacksnuancen, sondern einen Farbakzent und dieses magische Etwas, das jeden Gast verzückt.

Ringelblumen haben große Blüten mit orangefarbenen Kronblättern. Im Mittelalter zählten sie zu den wichtigsten Heilpflanzen und gaben eintönigen Mahlzeiten Farbe und Aroma. Nicht von ungefähr gilt sie als »Heilerin im Garten«. Die Blütenblätter der Garten-Ringelblume lassen sich einfach trocknen und gut lagern; sie bewahren ihre Farbe auch im getrockneten Zustand gut, wenn man sie an einem trockenen, dunklen Ort lagert. Man kann Ringelblumenblütenblätter frisch oder getrocknet zum Kochen verwenden. Früher dienten sie als Ersatz für den teuren Safran. Geben Sie am Ende des Kochvorgangs eine Handvoll frisch gepflückter Ringelblumenblüten in den Risotto ... das erfreut jedes Auge.

RUND UM DIE ERNTE

Im Laufe des Sommers ernten wir die Früchte jener Arbeit, die wir früher im Jahr geleistet haben, denn je mehr wir im zeitigen Frühjahr vorausschauend erledigen konnten, desto entspannter dürfen wir die Arbeit im Sommer angehen.

>> Links: Schafgarbe
Rechts: Kamillenblütenernte

⌄ Erbsen ziehen wir an Holzstickeln hoch, um besser ernten zu können.

Viele Obst- und Gemüsesorten werden jetzt reif. Stangenbohnen, Tomaten, Gurken, Paprika und auch die Obstbäume brauchen eventuell Stützen, wenn sie schwer beladen sind.

Einige der im Sommer tragenden frühen Apfel-, Aprikosen- und Kirschbäume sind bereits abgeerntet; dann ist es Zeit für einen leichten Sommerschnitt, indem konkurrierende Äste entfernt und die Kronenmitte ausgelichtet werden, damit die Früchte im nächsten Jahr genügend Licht und Sonne erhalten.

Auch einen leichten Rückschnitt um etwa ein Drittel bei Kräutern wie Salbei, Lavendel, Verveine, Pfefferminze und den mehrjährigen Stauden sowie die Auslichtungsschnitte bei den Kletterrosen erledigen wir zeitig im Spätsommer, damit die Pflanzen im Herbst nochmals nachwachsen und erstarkt in den Winter gehen.

Zucchini, Stangenbohnen und Buschbohnen wachsen jetzt unwahrscheinlich schnell. Sie müssen täglich kontrolliert und regelmäßig geerntet werden, sonst werden sie zu groß, zu wässrig und vor allen sehr faserig. Und noch ein Tipp: Wir knipsen die Triebspitzen der Stangenbohnen ab, wenn diese das Ende der Stangen erreicht haben. So werden die Ranken nicht kopflastig und treiben im unteren Bereich wieder aus.

DIE FLEDERMAUS, FLEISSIGER INSEKTENFRESSER

Die Fledermaus ist ein gern gesehener Nützling im Garten, der große Mengen von Stechmücken, Läusen und anderen ungebetenen Schädlingen vertilgt und daher ein gern gesehener Gast im Garten ist. Eine Fledermaus vertilgt während eines Sommers bis zu einem Kilogramm Insekten. Dies entspricht etwa einer Viertel- bis einer halben Million Stechmücken und Nachtfaltern. Wichtig ist, dass wir auf chemische Pflanzenschutzmittel verzichten, sonst geht es diesen tüchtigen Helfern nicht gut.

Speziell in der sommerlichen Abenddämmerung kann man diese Flugakrobaten beobachten. Die bei uns heimischen nachtaktiven Fledermausarten ernähren sich ausschließlich von Insekten, die sie meist direkt im Flug erbeuten. Fledermäuse haben schlechte Augen, dafür aber eine gute Nase. Sie orientieren sich mithilfe des Echolots und können selbst sehr kleine Insekten oder auch für sie gefährliche Hindernisse wie Äste, Mauern oder Zäune genauestens orten und umfliegen. Die heutige Bauweise von Gebäuden bietet Fledermäusen nur noch wenige Möglichkeiten, sich anzusiedeln. Wenn wir ihnen etwas Gutes tun wollen, müssen wir einheimisches Gehölz und Unterschlupfmöglichkeiten am Haus anbringen.

TIPPS ZUM ANSIEDELN VON FLEDERMÄUSEN

Um Fledermäuse in Haus und Garten anzusiedeln, sind folgende Bedingungen als Unterschlupfmöglichkeiten günstig: Ungestörte, nicht isolierte Estrichräume, Hohlräume in Zwischendächern und Fassaden, Spalten unter Dachziegeln, Fledermauskästen- und -höhlen, die man an sicheren, geschützten halbsonnigen Stellen am Haus, Nebengebäuden, Geräteschuppen, Gartenlauben und Scheunen aufhängt.

Förderlich sind nahrungsreiche Kulturen wie Hecken, Feldgehölze und Ausgleichsflächen sowie der Verzicht auf Insektizide und Pestizide. Damit die einheimischen Fledermäuse ein reiches Angebot an Insekten finden, gilt es im Garten folgende Maßnahmen zu berücksichtigen:
- Den Garten naturnah und abwechslungsreich gestalten.
- Keine Gifte einsetzen.
- Einheimische Gehölze und Pflanzen verwenden.
- Vielfältige Strukturen schaffen.
- Gartenteich, Tümpel oder bei vorhandenem Platz Schwimmteich anlegen.

Wir haben heute so viele Hilfsmittel in Haushalt, Büro und Garten wie noch nie. Eigentlich alles Hilfen, um Zeit zu gewinnen. Doch wie nützen wir unsere Zeit? Wenn wir mit unserer Zeit und Energie behutsam und bewusst umgehen, gewinnen wir an Lebensqualität.

>> Links: Gurkenernte
Rechts: Stockrose

∧ ＜ Beinwell ist eine hervorragende Düngepflanze. Wir nutzen ihn zusammen mit Brennnesseln für unsere Kräuterauszüge, als Zugabe zu Kompost und für den Aufbau von Hoch- und Hügelbeeten.

∧ Die mit Löchern versehenen Holzstücke bieten Nützlingen Unterschlupf und Nistmöglichkeit.

INSEKTENNISTWAND

In Europa gibt es etwa fünfhundert verschiedene Bienenarten. In den letzten Jahren ist ein alarmierender Rückgang der Vielfalt zu verzeichnen. Die Hauptursache liegt in der chemischen Belastung der Umwelt mit Pestiziden und dem Rückgang der Artenvielfalt durch Monokulturen. Darüber hinaus besteht ein großer Mangel an geeigneten Nistplätzen. Immer mehr alte Zäune und Scheunen mit morschem Holz, Mauern mit mürbem Gestein sowie Altholzbestände und aufgelassene Sandgruben verschwinden.

Eine Insektennistwand (auch »Insektenhotel« genannt) aus Holzblöcken, Schilfmatten und Lehmziegeln ist für die unterschiedlichsten Arten der solitären Hautflügler besonders gut geeignet. Mauer-, Scheren-, Löcher-, Blattschneider- und Maskenbienen ebenso wie Töpfer-, Blattlaus-, Grabwespen, Lehm- und Goldwespen nutzen die Höhlungen der Nistwand als Brutkammern, indem sie darin ihre Eier ablegen. Zur Ernährung der schlüpfenden Larven dienen Nektar, Pollen oder tierische Nahrung etwa in Form von Blattläusen oder Apfelwicklern. Auf diese Weise tragen sie dazu bei, den Schädlingsbestand auf natürliche Weise zu regeln.

Eine Insektennistwand oder ein Insektenhotel, wie man es im Gartenhandel bekommt, sollte bei keinem Natur- und Gartenfreund fehlen. Als Standort empfiehlt sich eine sonnige und windgeschützte Lage. Die Insektennistwand muss auch im Winter im Freien bleiben, da sonst die Insekten vorzeitig aus dem Brutnest schlüpfen und verenden. Alle Bewohner dieser Nisthilfen sind absolut friedlich gegenüber Menschen und Haustieren.

ANBAU VON PFEFFERSCHOTEN

Pfefferschoten benötigen eine hohe Temperatur (etwa 20 bis 25 Grad Celsius), milde Nächte und einen sonnigen Standort. Sie bevorzugen eine luftige Erde und regelmäßige Düngung (in unserem Fall eine tägliche Gabe von Brennnessel- und Beinwellwasser). Pfefferschoten können bereits grün geerntet werden; wir bevorzugen allerdings die ausgereiften roten Exemplare mit ihrem unverwechselbaren feurigen Geschmack. Sie können frisch oder getrocknet verwendet werden. Zum Trocknen legt man sie am besten an einen warmen, trockenen Ort wie zum Beispiel auf ein Stück Papier auf die Fensterbank. Wenn sie spröde werden, sind sie richtig trocken.

Die Samen sollten bei der Verwendung in der Küche entfernt werden, da sie sehr scharf sind und Haut- und Augenreizungen verursachen können. Bei der Verarbeitung auf keinen Fall mit den Händen die Augen reiben, das kann sehr schmerzhaft sein. Empfehlenswert ist der Einsatz von Einweg-Haushaltshandschuhen.

REZEPT: SAMBAL
Mit diesem Sambal verleihen wir vielen Gerichten eine exotische Note.

> 2 EL Oliven- oder Sonnenblumenöl
> 200 g Pfefferschoten, Samen entfernt, fein geschnitten
> 1 Zwiebel, fein gehackt
> ½ TL abgeriebene Zitronenschale
> ca. ½ TL geriebene Ingwerwurzel (optional, nach gewünschter Schärfe)
> ½ TL Zitronensaft oder Essig
> ½ TL Salz

Das Öl in einem kleinen Topf erhitzen. Darin die Pfefferschoten und die Zwiebel bei mittlerer Temperatur etwa 15 Minuten dünsten. Die restlichen Zutaten hinzugeben und einige Minuten unter ständigem Rühren weiterköcheln lassen. Die Masse anschließend heiß in sterilisierte Gläser abfüllen.

SOMMERARBEITEN IN KÜRZE

JULI UND AUGUST: NUTZGARTEN

- Ein wichtiges Thema im Hochsommer ist die Versorgung der Garten- und Balkonpflanzen mit ausreichend Wasser.
- Im August Erdbeeren pflanzen, damit sie nächstes Jahr Früchte tragen.
- Rettich für die Ernte im Herbst und Winter aussäen.
- Es sind noch Nachsaaten von Buschbohnen möglich, die dann etwa acht Wochen später geerntet werden können.
- Um bis in den Herbst hinein frische Kräuter zu haben, müssen wir regelmäßig nachsäen.
- Rote Bete (Randen), Radieschen, Rettich, Spinat und Speiserüben aussäen.
- Bis Ende Juli kann Zuckerhut, Stiel- und Blattmangold ausgesät werden.
- Herbst- und Wintersalat, Erbsen, Fenchel und Chinakohl aussäen.
- Winterlauch wird ab Ende Juli oder Anfang August ausgesät.
- Bis Mitte Juli kann man noch Endivien direkt ins Freiland säen.
- Den ganzen Juli über kann Radicchio direkt ins Beet gesetzt werden.

JULI UND AUGUST: ZIERGARTEN

- Damit Pfingstrosen in der nächsten Gartensaison wieder prachtvoll blühen, werden sie nach der Blütezeit mit Kompost und gut verrottetem Mist gedüngt.
- Die verblühten Reste an den Rhododendren vorsichtig ausbrechen und die Sträucher mit biologischem Rhododendrondünger versorgen.
- Düngung der Rosen mit organischem Rosendünger.
- Im Frühling frisch gepflanzte Bodendecker und Polsterpflanzen zurückschneiden. Die Triebe verzweigen sich dann besser und bilden schneller einen dichten Teppich, durch den das Unkraut kaum noch hindurch kommt.
- Rasen wässern und neuen Rasen ansäen.
- Rasenschnitt laufend richtig kompostieren. Da der Rasen jetzt häufig gemäht wird, fallen größere Schnittmengen an, die rasch einen unangenehmen Silageduft verströmen. Wir mischen das Schnittgut daher mit Ästen und Zweigen, die wir zuvor mit dem Häcksler zerkleinert haben, oder nutzen das gesammelte gut vermischte Material, um neue Hügel- und Hochbeete anzusetzen.
- Narzissen teilen und neu pflanzen.
- Duftwicken für die Vase schneiden.
- Iris pflanzen.
- Kletterpflanzen wie Clematis und Blauregen durch Ableger vermehren.
- Gartenteich pflegen, Algen abfischen.
- Wer Bambus im Garten hat, Bambusstäbe für die Verwendung als Staudenstützen schneiden.
- Gladiolen, Dahlien und andere sommerblühende Zwiebel- und Knollenpflanzen mit einem mineralischen Volldünger düngen.
- Stockrosen säen, damit die neuen Pflanzen im nächsten Jahr blühen.

HERBST

Die Natur färbt sich bunt

Die Übergänge der Jahreszeiten betrachten wir mit Faszination und stellen fest, dass jeder einzelnen ein ganz eigener Reiz innewohnt. Nach langen Sommertagen kündigt nun das Licht eine Veränderung an. Schon legen sich die ersten Herbstnebel über das Land, die Hitze des Sommers ist nur noch Erinnerung. Die Blätter beginnen sich zu verfärben; rot und golden leuchten sie und bringen Farbe in den Garten und in die Landschaft. Meterhohes Gras wiegt sich sanft im Wind. Rund um die verblühten Rhododendronbüsche sprenkeln Blütenblätter den Boden: Rosa und Lila auf Braun. Die Tage werden jetzt rasch kürzer, die ersten Nachtfröste treten auf, und man fühlt sich gedrängt, all das Gemüse und die Früchte, die noch im Garten warten, eiligst einzusammeln und zu verwerten. Wir gehen in dieser Zeit immer mit großer Ehrfurcht und Dankbarkeit durch den Garten. Die Natur hat uns mit ihren Schätzen unsagbar verwöhnt. Die Farben und Düfte berühren unser Innerstes. Es gibt viel zu tun, doch im Herbst ist die Stimmung majestätisch schön.

^ Frisch gepflückte, reife Äpfel. Äpfel sind pflückreif, wenn sich die Frucht beim Drehen leicht vom Zweig löst.

LOHN DER MÜHEN

Der Herbst kann bei uns oft noch angenehm warm, manchmal sogar schwül, oder aber frostig kühl und trüb sein. In höheren Lagen gibt es bereits die ersten Bodenfröste. Darauf müssen wir uns einstellen. Die meisten Ernten werden nun eingebracht. Die Äpfel müssen vom Baum und werden eingelagert oder vermostet. Am Boden liegende Früchte werden gerne von Schädlingen zum Überwintern genutzt, darum ist es ratsam, das Fallobst einzusammeln. Milde, trockene Tage nutzen wir nun für Neupflanzungen. Wenn wir in den nächsten Jahren eigene Äpfel und Birnen ernten möchten, gilt es jetzt, die entsprechenden Jungbäume in gut vorbereitete Pflanzgruben zu setzen.

Die letzten Rosen entzücken uns mit ihren Blüten, kurz bevor die kalten Herbststürme über das Land fegen und die Blätter im Garten umherwirbeln. Quitten, die täglich süßer und gelblicher werden, leuchten an den Ästen unter unserem Balkon. Obwohl wir jetzt vieles zurückschneiden, lassen wir Kapuzinerkresse, Ringelblumen und natürlich auch die letzten Rosen stehen, die manchmal bis in den November hinein blühen. Die Quitten ernten wir mit großer Vorfreude, denn bald gibt es die ersten Wildgerichte mit Frances' selbst gemachtem Quittengelee.

Um friedliche Momente in der Herbstsonne zu genießen und frische Kräuter wie Zitronenmelisse, Thymian, Lavendel, Rosmarin und Eisenkraut für das Abendessen und den Tee danach zu ernten, muss man im Frühling und Sommer einiges getan haben: Umgraben im Frühjahr, mähen, jäten, schneiden, ernten und vor allem gießen. Doch jetzt im Herbst ernten wir den Lohn für den Aufwand und den Einsatz, den wir im Laufe der Gartensaison geleistet haben.

>> Links: Artischocke, Roter Sonnenhut, Goldmelisse, Rettich
Rechts: Knollensellerie

BEOBACHTEN UND ERNTEN

Auf unseren Streifzügen durch den Garten gilt es in dieser Zeit nicht nur zu beobachten, sondern vor allem zu ernten. Es fasziniert uns jedes Jahr von Neuem, wie unsagbar reich uns die Natur mit ihren Gaben beschenkt. Wir haben das Gemüse, das Obst und die Kräuter durch den Sommer hindurch begleitet und zu ihnen eine Beziehung entwickelt, die bis zur Ernte vor allem von einem geprägt ist: schlichtweg Respekt.

Einige Gemüse wie Grünkohl oder Rosenkohl, Salat und Kräuter lassen wir blühen und in die Saat gehen. Das sieht wunderschön aus, und die Insektenwelt dankt es uns. Die Blütenstände des Fenchels veredeln jeden Blumenstrauß; blühender Dill und Spargelkraut machen sich in Sträußen viel origineller als das herkömmliche Schleierkraut. Und zudem haben sie einen kulinarischen Mehrwert.

Gemüse wie Karotten und Pastinaken bleiben in der Erde und werden erst bei Bedarf geerntet. In Gegenden mit frostreichen Wintermonaten und in Höhenlagen ist es allerdings ratsam, die Ernte aus dem Boden zu nehmen.

LAGERN, GEWUSST WIE

Gartenfrüchte und Wurzelgemüse können im Vorratskeller gut noch nachreifen. Erde, die noch an den Wurzeln haftet, soll nicht entfernt werden, da Wurzelgemüse ungewaschen besser lagerfähig ist.

Zwiebeln, Kartoffeln, Rote Bete (Randen) und Rüben sollten unbedingt frostfrei eingelagert werden. Sie halten sich viele Wochen. Rote Bete (Randen) kann später zu Pickles und Chutneys verarbeitet werden.

Gesunde, einwandfreie Kürbisse lassen sich gut im kühlen Keller aufbewahren, um sie dann im Laufe des Winters in aller Ruhe zu verarbeiten.

Beim Gärtnern hat man Zeit zum Reflektieren. Fragen tauchen auf: »Habe ich das Recht, mich über die Natur hinwegzusetzen? Zu bestimmen, was wo gedeihen darf? Oder könnte es sein, dass die Natur uns vorgibt, was möglich und was unmöglich ist?«

∨ < Randen stecken voller Vitamine, Mineralien und Nährstoffe. Sie können roh als Salat, zu Saft oder Smoothies, gekocht als Gemüse und zu Suppen verarbeitet werden.

∨ > Für den Eigenbedarf ist der Anbau kleinerer Kürbissorten wie Hokkaido, Butternut, Muscat oder Spaghettikürbis sinnvoller als der von Riesenkürbissen. Kürbisse brauchen viel Platz (ca. 1 Quadratmeter pro Pflanze) und bilden meterlange Ranken.

∧ Karotten sind eine ideale Mischkultur mit Zwiebeln. Sie lieben einen leichten, durchlässigen Boden. Wenn er zu schwer oder zu steinig ist, bilden sich manchmal seltsame Wurzelformen; deshalb arbeiten wir groben Sand ins Karottenbeet ein. Und da Karotten nach der Saat sehr langsam keimen, säen wir Radieschen mit in die Rillen.

∧ > Ernte von frischer Zitronenverbene – für einen beruhigenden »Gute Nacht«-Tee.

Auch wenn der Sommer schon lange vorbei ist, hängen oft noch Tomaten an den Zweigen. Aber aufgepasst: Nachtfröste setzen der Frucht zu. Deshalb bringt man Tomaten besser rechtzeitig »ins Trockene«. Die zähen, faserigen Stängel von Freilandtomaten können mitsamt den Wurzeln und den noch grünen Früchten aus der Erde gezogen und zum Ausreifen an einem trockenen, geschützten Platz, etwa in der Scheune oder im Gewächshaus, aufgehängt werden. Die Früchte benötigen zum Weiterreifen keine Sonne. Natürlich entfaltet sich ihr Aroma vielleicht nicht so intensiv wie in den Sommermonaten draußen im Beet, aber es lohnt sich allemal.

WURZELGEMÜSE IN MIETEN LAGERN

Früher hat man das Wurzelgemüse im Garten in sogenannten Mieten gelagert. Dazu wird an einem trockenen, geschützten Ort eine 20 bis 30 cm dicke Schicht sauberes Stroh ausgebreitet und das Gemüse darauf pyramidenförmig aufgeschichtet. Das Ganze wird mit einer Schicht sauberem Stroh und etwa 20 cm Erde abgedeckt. Zur Sicherheit legen wir unter und auf die Miete ein engmaschiges Gitternetz, damit sich keine Nagetiere über das Gemüse hermachen. Wenn mit sehr kaltem Wetter zu rechnen ist, kann die Miete mit zusätzlichem Stroh, Planen oder Vlies abgedeckt werden. Auf diese Weise lagern wir Wurzelgemüse wie Karotten, Kartoffeln und Rote Bete (Randen).

GRÜNE TOMATEN

Da nicht alle Tomaten bis zum Wetterumschwung ausreifen, stellt Frances aus den grünen Tomaten ein köstliches Green Tomato Chutney her, das hervorragend zu Käse passt.

REZEPT: CHUTNEY AUS GRÜNEN TOMATEN

600 g gehackte grüne Tomaten
150 g fein geschnittene Zwiebel
2 Knoblauchzehen, gepresst
1 Zitrone, geschält und entkernt, in kleine Stücke geschnitten
250 g Rosinen
80 g Senfsamen
50 g frischer Ingwer, geschält und fein gewürfelt
450 g dunkler Rohzucker
½ l Apfelessig
2 rote Paprika, fein geschnitten
1 Prise Cayennepfeffer
1½ TL Salz

Alle Zutaten in einem großen Topf gut mischen und bei mittlerer Temperatur unter häufigem Rühren aufkochen, bis die Mischung einzudicken beginnt. Am Schluss ständig rühren, damit nichts anbrennt. Heiß in vorgewärmte, sterilisierte Einmachgläser füllen und diese etikettieren.

GEMÜSESAMEN ERNTEN

Da wir weder Hybriden noch moderne Neuzüchtungen, sondern nur biologisches Gemüse anbauen, können wir von vielen Pflanzen wie Tomaten, Zucchini, Gurken und Kürbissen Samen gewinnen. Dazu nehmen wir einfach bei der Verarbeitung in der Küche die Samen aus dem Fruchtfleisch, trocknen und lagern sie bis zum Frühjahr in Papiertüten oder gut verschlossen und dunkel in Büchsen oder Gläsern.

Bohnen-, Erbsen- und Paprikasamen sind sehr leicht zu ernten, da man sie nur aus den Hülsen beziehungsweise aus der Frucht nehmen, sie trocknen und bis zur neuen Aussaat im kommenden Frühling wie oben beschrieben lagern muss. Zusammen mit köstlichen selbst gemachten Kräuterölen, Kräuteressigen, Chutneys, Pesto und Konfitüren bringen wir oft auch Kräuter- und Gemüsesamen als Gastgeschenk mit, wenn wir bei Gartenfreunden eingeladen sind.

> Johannisöl ist eines der besten Hausmittel bei Verbrennungen, Sonnenbrand und Hautproblemen. Die Johanniskrautblüten werden um Johanni (Ende Juni) gepflückt, in ein Glas gegeben und mit kalt gepresstem Olivenöl übergossen; die Blüten müssen vollständig mit Öl bedeckt sein. Das Glas verschließen oder mit Gaze abdecken und vier bis sechs Wochen an die Sonne stellen, bis das Öl eine dunkelrote Farbe hat. Durch Gaze abfiltern und in Flaschen abfüllen.

WINTERSCHUTZ

Beim Winterschutz im Garten kommt es auf den richtigen Zeitpunkt an. Es gilt die Pflanzen nicht zu früh einzupacken, weil hin und wieder sogar im November zweistellige Tagestemperaturen erreicht werden können und es den Gartenpflanzen dann zu warm würde. Vereinzelte Nachtfröste schaden den Pflanzen meist nicht. Erst wenn der Wetterbericht Dauerfrost ankündigt, handeln wir und packen die Pflanzen ein. Wenn wir unsere Stauden und Rosen dick mit Laub einschlagen, überstehen sie den Winter besser.

MULCH ALS WINTERSCHUTZ

Mulchen ist eine gute Methode, den Boden in der kalten Jahreszeit vor Austrocknung und Frost zu schützen. Als Material eignen sich dazu Laub, Baum-, Strauch- und Rasenschnitt, Kokoshäcksel, Kompost, gehäckselte Blätter oder Beinwell. Die im Herbst sowieso anfallenden Äste und das Laub lassen sich ideal dazu verwenden. Die Bodenfeuchtigkeit verdunstet so weniger, zudem wird die Bodentemperatur besser reguliert: Dank der isolierenden Decke kühlt der Boden weniger rasch ab und erwärmt sich schneller. Außerdem wird beim Mulchen mit Pflanzenmaterial der Boden mit Humus und Nährstoffen versorgt. Verrottende Blätter fördern zudem die Bodenorganismen. Man kann den kahlen Boden auch mit Vlies, Folie oder Jutesäcken abdecken.

Unsere winterfesten einjährigen Gründüngungen sind gut angewachsen. Unser Ziel ist eine möglichst permanente Bepflanzung zum Schutz der Bodenstruktur.

Bekämpfen ist keine Lösung beim Auftreten von Krankheiten oder Schädlingen. Wenn sich im Garten ein Ungleichgewicht einstellt, sollte man der Sache auf den Grund gehen und nicht nur Symptombekämpfung betreiben.

SCHNECKENPLAGE EINDÄMMEN

Im Herbst legen Schnecken ihre Eier gerne in kleine Erdhöhlen, unter Mulchdecken und ins Laub. Ein Schneckengelege kann bis zu zweihundert Eier umfassen. Um uns im nächsten Jahr viel Arbeit und Verdruss zu ersparen, müssen wir das Schlüpfen der Jungtiere im Frühling vermeiden. Darum sammeln wir die weichen Eier kontinuierlich ein.

FRISCHE MINZE IM WINTER

Wer im Winter gerne frische Pfefferminze genießen möchte, kann jetzt Wurzelausläufer ausgraben und sie 5 cm tief in Kästen setzen. So kann man auf dem Fensterbrett oder im geheizten Gewächshaus während der kalten Monate das aromatische Kraut ernten.

VORAUSSCHAUEND HÜGELBEETE ANLEGEN

Im Spätherbst wird der Garten auf den Winter vorbereitet. In den Beeten und auf den Wegen wird das Unkraut gejätet und der Boden gelockert. Das Unkraut verstreut ständig seine Samen, und durch eine rechtzeitige Bekämpfung sparen wir uns im Frühjahr viel Arbeit und Zeit.

> Auf einer Wiese legen wir neue Hügelbeete an. Dazu markieren wir die Beetfläche und stechen die Grasnarbe ab. Beim Aufbau der Hügelbeete nutzen wir die abgestochene Grasnarbe, die wir umgekehrt auf den Boden ausbringen, damit das Gras nicht gleich wieder anwächst und sprießt. Im Laufe des Herbstes und Winters schichten wir alles anfallende Grünzeug, Astmaterial, Laub, Küchenabfälle, Asche vom Kachelofen auf das werdende Hügelbeet und geben im Frühjahr eine Schicht reifen Kompost obendrauf. Die neu angelegten Beete werden wir im ersten Jahr mit Bergkartoffeln bepflanzen.

ROSEN PFLANZEN

> Der Herbst ist ein idealer Zeitpunkt, um Rosen zu pflanzen. Am besten stellt man den wurzelnackten Rosenstock einen Tag lang in Wasser, damit er kräftig gewässert wird. Für Rosen optimal ist ein humusreicher Lehmboden. Der Boden muss gut gelockert werden, bevor die Pflanze gesetzt werden kann, denn die Wurzeln brauchen viel Sauerstoff. Verletzte und abgestorbene Wurzelteile müssen vor der Pflanzung sorgfältig entfernt werden. Beim Einsetzen der Pflanze ist es wichtig, dass die Veredelungsstelle der Rose etwa 5 cm unter der Erdoberfläche liegt.

∧ Wir ziehen historische Ramblerrosen an unseren alten Zwetschgenbäumen. Statt dass sie der Säge zum Opfer fallen, dienen sie den Rosen als Stütze und Kletterhilfe. Im Mai und Juni verzücken uns die Ramblerrosen mit ihrem fantastischen Duft.
In Containern bezogene Rosenpflanzen können das ganze Jahr über gepflanzt werden. Wurzelnackte Rosen kommen im Herbst in die Erde.

Um unsere Rosen im Winter wirkungsvoll zu schützen, geben wir gut abgelagerten Pferde- oder Rindermist in einer großzügigen Schicht bis über die Veredelungsstelle. Wenn wir keinen Mist zur Verfügung haben, verwenden wir Kompost. Die Nährstoffe versorgen die Wurzeln, und außerdem schützt die Schicht wie ein warmer Mantel vor Kälte. Kletterrosen binden wir gut am Rankgitter fest, sonst bricht die Last des Schnees im Winter ihre Zweige.

RÜCKSCHNITT AUSDAUERNDER PFLANZEN

Sobald alle frostgefährdeten Pflanzen geschützt, die Wasserleitungen und Regentonnen entleert und die wurzelnackten Gewächse, wie Obstbäume und einheimische Hecken, eingepflanzt sind, können wir es etwas ruhiger angehen. Wir überlegen uns, ob wir die ausdauernden Pflanzen schon jetzt zurückschneiden sollen oder erst im Frühjahr. Hier scheiden sich die Geister: Schneiden oder stehen lassen, das ist die Frage! Wir glauben, dass es auf verschiedene Aspekte wie Klima, Art der Bepflanzung und Gartengröße ankommt. Wer, wie wir, in einer schneereichen Gegend lebt, wird kaum in den optischen Genuss zart bepuderter Samenstände kommen, weil diese sowieso unter Schneebergen begraben sind. Wer einen großen Garten hat, wird allein aus Zeitgründen mit dem Ausputzen der Stauden schon im Herbst beginnen. Unser Credo lautet: Möglichst viele Pflanzen im Herbst stehen lassen, damit Insekten und Vögel im Winter Nahrung finden.

Abschneiden sollte man im Herbst alle Stauden, deren Laub oder Samenstände nach Frosteinbruch matschig und unansehnlich werden. Solche Pflanzen werden auch gerne von Schnecken als Unterschlupf aufgesucht. Darum schneiden wir Pfefferminze, Liebstöckel, Zitronenmelisse, Oregano, Johanniskraut und Pflanzen wie Funkien, Sonnenhut und Herbstanemonen zurück.

< Abräumen der Rabatten und Rückschnitt des mehrjährigen Roten Sonnenhuts.

Ungeschnitten schicken wir alle Gräser in den Winter. Für sie geht die Gefahr im Winter meistens von der Feuchtigkeit aus, die in die Mitte, also ins Herz des Horstes dringt und das Gras zum Faulen bringt. Deshalb empfehlen wir, die Wedel mittelhoher und hoher Gräser mit einem Strick zusammenzubinden, damit von oben keine Feuchtigkeit eindringen kann.

HECKENSCHNITT
Damit Vögel nicht auf ihre Brutplätze verzichten müssen, ist der Heckenschnitt von März bis Ende September nicht ratsam; nur Formschnitte sind in dieser Zeit erlaubt.
Ein Heckenschnitt regt immer zu neuem Wachstum an, deshalb schneiden wir ab Anfang Oktober. Bei einem zu späten Schnittzeitpunkt könnten die neuen, noch zarten Triebe Frostschäden erleiden, und die Hecke würde im Frühjahr nicht mehr gut aussehen.

GEHÖLZE

Obstbäume und Sträucher gehen nun langsam in die Winterruhe, und damit ist die Zeit gekommen, die Schneidearbeiten in Angriff zu nehmen, wenn es noch nicht zu kalt ist. Wir pflanzen jetzt auch wurzelnackte Bäume und Sträucher. Der Boden hat die Restwärme des Sommers gespeichert, und mit genügend reifem Kompost und einer leichten Mistgabe versehen, wachsen Gehölze vor dem Wintereinbruch gut an.

PFLANZ DIR EINEN APFELBAUM
Für viele Gärtner ist der Garten erst mit einem Apfelbaum komplett. Das Setzen eines Apfelbaumes ist keine Kunst. Zuerst heben wir ein großes Loch aus und lockern den Unterboden. Da uns früher die Mäuse häufig die Wurzeln der Jungbäume abfraßen, legen wir seit einigen Jahren mit gutem Erfolg ein engmaschiges Gitternetz in die Grube. Anschließend arbeiten wir Kompost und ein wenig Stallmist ein, schlagen einen Pfahl ein, bevor wir das Apfelbäumchen in das Loch pflanzen. Erst jetzt binden wir die Jungpflanze am Pfahl fest und decken die Baumscheibe bis knapp unterhalb der Veredelungsstelle mit Kompost ab.

NAHRUNG UND SCHUTZ VOR DEM WINTER
Die Beete erhalten im Herbst etwas Algenkalk, der mit seinen natürlichen Wirkstoffen Kalzium, Magnesium und Kieselsäure die Bodenbeschaffenheit verbessert und der Bodenmüdigkeit vorbeugt.

> Palmkohl ähnelt geschmacklich Wirsing und lässt sich zu herrlichen vegetarischen Gerichten verarbeiten.

Die Baumscheiben unter den Obstbäumen bekommen eine Kompostgabe. Wenn es die Zeit zulässt, bringen wir bei den Obstbäumen einen Lehm-Kalk-Stammanstrich auf, um Frostschäden und das Eindringen von Schädlingen einzudämmen.

LEHM-KALK-ANSTRICH
Auf 10 Liter Wasser nehmen wir: 5 kg Lehm, 5 kg Kuhmist, 500 g Algenkalk, 500 g Schachtelhalmbrühe. Alle Zutaten in einem großen Eimer vermischen. Diese Mischung reicht für fünf bis zehn Obstbäume. Im Handel sind auch fertige Stammanstrich-Mischungen erhältlich.

EIN VOGEL- UND IGELFREUNDLICHER GARTEN

Selbst wenn man im Winter die Vögel zusätzlich mit Futter versorgt, sollte man den Garten so gestalten, dass er Vögeln auch in der kalten Jahreszeit Nahrung bietet, indem man einige Früchte, Beeren und Samenstände an den Bäumen und Sträuchern belässt. Sträucher wie Mispeln, Feuerdorn, Sanddorn und Schlehen tragen ihre Beeren lange und sind noch im späten Winter eine reiche Futterquelle.

In unserem Garten gibt es nichts zu bekämpfen, die Natur reguliert sich mit vielen kleinen Helfern selbst. Der Einsatz chemischer Mittel wirkt sich in den meisten Fällen fatal aus. Viele Schädlinge sind gegen Spritzmittel resistenter als die natürlichen Helfer.

SO HOLT MAN SICH DEN IGEL ALS NÜTZLING IN DEN GARTEN
Damit sich Igel im Garten ansiedeln, muss man ihnen einen günstigen Lebensraum und gute Voraussetzungen für den Winter bieten. Folgendes ist zu beachten:
- Keine Gifte im Garten streuen oder spritzen.
- Keine Kunstdünger einsetzen.
- Unterschlupf bieten, zum Beispiel durch dichte Hecken oder Büsche.
- Gartenzäune mit Durchschlupfmöglichkeiten schaffen.
- Überwinterungsmöglichkeiten an trockenen, schattigen Plätzen schaffen. Zum Beispiel in Laub- und Reisighaufen sowie Holzstapeln.

Wer diese Voraussetzungen schafft, muss in der Regel nicht lange warten, bis sich die nützlichen Helfer von selbst ansiedeln. Igel sind wesentlich an der Ungezieferbekämpfung im Garten beteiligt, da sie Unmengen von Schneckeneiern, Käfern und unliebsamem Kleingetier verspeisen.

Nur Tiere mit einem genügend großen Fettpolster überleben den Winter. Aus diesem Grund ist es sinnvoll, den Igel ab Oktober, wenn er noch stark untergewichtig ist, mit zusätzlicher Nahrung zu versorgen. Die zusätzliche Gabe von Ballaststoffen, zum Beispiel Weizenkleie, kann die Gewichtszunahme unterstüt-

zen. Hat der Igel aber das Mindestgewicht von etwa 500 Gramm erreicht, wird die Fütterung eingestellt.

Igel sollte man grundsätzlich nicht ins Haus nehmen, denn nur wenige der auf diese unnatürliche Art überwinternden Tiere überleben nach dem späteren Aussetzen.

KÜBELPFLANZEN ÜBERWINTERN

Sobald die ersten Nachtfröste auftreten, müssen empfindliche, nicht winterharte Kübelpflanzen in ein frostfreies Winterquartier gebracht werden. Frostempfindlich sind zum Beispiel Fuchsien, Hibiskus, Wandelröschen, Engelstrompeten und Margeriten. Oliven, Feigen und Oleander halten einige Minusgrade aus, bevor sie schließlich eingeräumt werden müssen. Nur ganz robuste Kübelpflanzen lassen wir an einem geschützten Ort auf dem Balkon oder der Terrasse stehen. Bei winterharten Stauden, die in Töpfe oder Kübel gepflanzt wurden, kommt es darauf an, sie vor Staunässe und extremen Temperaturschwankungen zu bewahren. Das heißt, sie sollten eher schattig stehen. Die Töpfe sollten mit Jute oder Vlies ummantelt werden. Wichtig ist auch eine wirksame Isolierung von unten. Hier ist Styropor eine gute Wahl, allerdings muss das Abzugloch des Topfes frei bleiben, denn gefrierende Staunässe kann das Gefäß sprengen. Wichtig ist, Kübelpflanzen beim Einräumen und auch später im Winterquartier immer wieder auf Schädlinge und Krankheiten zu kontrollieren, denn auf engem Raum verbreitet sich Unerwünschtes schnell.

Die Natur kennt keinen Abfall. Sie betreibt seit jeher ein wunderbares Recycling in höchster Perfektion. So sind auch unsere Küchen- und Gartenabfälle keine Abfälle, sondern wertvolle Rohstoffe für neuen Humus.

ALLES ÜBER KOMPOST

Wir haben bereits an verschiedenen Stellen über Kompost gesprochen. Im Folgenden ist das Wichtigste auf einen Blick zusammengefasst.

MISCHEN

Pflanzenrückstände, frischer Rasenschnitt oder verwelkte Schnittblumen dürfen nicht lange liegen bleiben, um nicht unerwünschte Schädlinge oder Pilzkrankheiten anzuziehen. Wir vermischen sie möglichst rasch mit trockenem, dürrem Material, grobem Häcksel, Laub oder Stroh und außerdem mit Frischkompost oder Erde. Ist die Kompostmischung nicht so feucht wie ein ausgedrückter nasser Schwamm, geben wir mit der Gießkanne etwas Wasser zu.

^ Quitten verarbeiten wir hauptsächlich zu Gelee, das im Herbst Wildgerichte begleitet und während der Weihnachtszeit zum Verfeinern von Saucen und zur Füllung von Truthahn und Hähnchen dient.

LAGERN

Ein vielfältiges Nahrungsangebot für die Bodenlebewesen, genügend Feuchtigkeit und Luft entscheiden über einen guten Rotteverlauf. In der Erde und vor allem im Frischkompost sind die Eier und Larven der Mikroorganismen enthalten. Die Zugabe von Frischkompost beschleunigt die Rotte. Damit nicht unkontrolliert Wasser in den Kompost eindringt, decken wir diesen mit einer Plane ab.

UMSCHAUFELN

Nach drei bis vier Monaten, wenn der Kompost auf unter 30 Grad abgekühlt ist, prüfen wir den Verrottungsstand. Vererdet der Kompost und ist er genügend feucht, kann man ihn weitere fünf bis sechs Monate liegen lassen. Ist er aber zu trocken oder zu nass, muss man das Vlies entfernen und den Kompost umschaufeln. Das fördert die Verrottung.

SIEBEN

Vor dem Ausbringen sieben wir den Kompost – eine typische Gartenarbeit im Spätherbst. Der Kompost des vorhergehenden Jahres ist nun reif. Er wird gesiebt, indem man ihn mit einer Schaufel durch ein grobmaschiges Kompostgitter wirft. Das Aussieben der unverrotteten Holzteile ist wichtig, da sie den Pflanzen Stickstoff entziehen würden. Das ausgesiebte Material kompostieren wir erneut. Da es bereits vorkompostiert wurde, enthält es viele Mikroorganismen und dient als Impfmaterial und Starthilfe, die den Abbauprozess in einem neu anzusetzenden Komposthaufen beschleunigt.

An trockenen Tagen setzen wir den Kompost noch einmal um und arbeiten das gefallene Laub mit ein. Den reifen Kompost verteilen wir auf den Beeten und den Baumscheiben der Obstbäume und Sträucher (siehe oben).

Der nicht benötigte Kompost wird bis zum Frühjahr gelagert, abgedeckt mit einer Folie, die das Aus- und Wegspülen verhindert.

^ Zu den wichtigsten Helfern im Garten zählen die Regen- und Kompostwürmer. Sie verarbeiten große Mengen an organischem Material und liefern dabei hochwertigen Dünger. Gleichzeitig belüften sie den Boden, was für ein gutes Wachstum der Pflanzen wichtig ist. Würmer lassen sich auch einfach und auf kleinster Fläche selbst züchten.

AUSBRINGEN

Ein richtig zusammengesetzter, ausgereifter Kompost ist nicht nur ein enormer Bodenverbesserer, sondern auch ein hervorragender Dünger. Dadurch spart man viel Geld und kann auf den Zukauf von Blumenerde, Dünger und Torf verzichten. Es ist unser erklärtes Ziel, möglichst wenig zukaufen zu müssen. In einem gut funktionierenden Garten sollten eigentlich keine oder wenig Kosten für den Kauf von Erde und Dünger anfallen.

Im Laufe der Gartensaison bringen wir in der Regel zwei bis vier Liter Kompost pro Quadratmeter aus. Gedüngt wird hauptsächlich im Frühjahr vor der Pflanzung, bei Starkzehrern ein weiteres Mal im Laufe der Wachstumsperiode und nach der Ernte im Herbst. Wenn es die Zeit zulässt, geben wir vor Wintereinbruch Grobkompost und Stallmist als Mulch auf die abgeernteten Beete oder decken diese mit geschnittenem Pflanzmaterial oder Tannenästen ab.

UMGANG MIT KRANKEM PFLANZENMATERIAL

Da bei der Kompostierung im Hausgarten nicht so hohe Temperaturen wie in einer großen Kompostieranlage erreicht werden, geben wir kranke Pflanzen (Kraut- und Braunfäule, Kohlhernie, Feuerbrand) sowie samentragende Unkräuter nicht auf den Kompost, sondern entsorgen diese im herkömmlichen Hausmüll (Restmüll).

REZEPT FÜR GUTEN KOMPOST

Ein Teil Pflanzenrückstände aus Küche und Garten und ein Teil Holziges, Verdorrtes, Frischkompost und Erde zerkleinern wir auf gut Handgröße, streuen ein wenig Steinmehl darüber und fügen bei trockenem Material etwas Wasser zu. Das gründlich vermischte Kompostgut schichten wir zu einem Walm auf oder geben es in die Komposttonne bzw. in das Kompostgitter.

Reifetest: Ein großes Glas mit Deckel zur Hälfte mit fein gesiebter, feuchter Komposterde füllen. Kressesamen daraufstreuen und zwei Millimeter hoch mit Kompost bedecken. Die Oberfläche befeuchten, ohne die Komposterde einzunässen, das Glas verschließen und an einen hellen Ort stellen. Wenn innerhalb von zwei bis drei Wochen gleichmäßig kräftige, grüne Pflänzchen wachsen, haben wir eine gute, reife Komposterde. Werden die Pflänzchen gelblich oder verfaulen gar, ist der Kompost noch nicht reif.

Dosierung: Die ideale Menge der Ausbringung von Reifekompost liegt bei zwei bis vier Litern pro Quadratmeter und Jahr.

RICHTIG KOMPOSTIEREN

Folgende Abfälle eignen sich zum Kompostieren:
- Rüstabfälle von Gemüse und Obst
- Eierschalen (zerdrückt)
- Tee und Kaffeesatz
- Schnittblumen
- Balkon- und Topfpflanzen mit Erdballen
- Kleintiermist
- Federn und Haare
- Holzasche
- Laub
- Gras- und Rasenschnitt
- Schilf
- Gartenabraum
- Hecken- und Baumschnitt
- Halbverrotteter Kompost oder Erde als Rottebeschleuniger

Das gehört nicht in den Kompost:
- Pflanzen, die stark von Schädlingen befallen oder mit Spritzmitteln behandelt sind
- Wurzelunkräuter wie Geißfuß, Distel, Schnurgras, Winde
- Zigarettenstummel und Asche
- Gekochte Lebensmittel
- Asche von behandeltem Holz
- Hundekot und Katzensand
- Öle und Fette
- Metall, Glas, Steine, Plastik

HERBSTARBEITEN IN KÜRZE

SEPTEMBER BIS OKTOBER: NUTZGARTEN

- Tomatenpflanzen tragen die letzten Früchte; noch grüne Tomaten reifen häufig am Strauch aus, wenn man sie in Folienhauben einpackt.
- Zucchini werden vor dem ersten Frost geerntet. Bis dahin gilt es, die Pflanzen regelmäßig zu wässern und zu düngen.
- Die Frühherbstsonne lässt Kürbisse ausreifen und sorgt dafür, dass das Fruchtfleisch schön süß und die Schale holzig wird. Sie sollten bei trockenem Wetter möglichst lange auf den Beeten liegen bleiben und nachreifen.
- Anfang September können noch Radieschen, Schnittsalat und Spinat gesät werden.
- Feldsalat für die Frühjahrsernte bis Mitte September säen.
- Auf Beete, die nicht mehr genutzt werden, säen wir als Gründüngung Bienenweide (Phacelia).
- Johannisbeeren können aus kräftigen Trieben des laufenden Jahres vermehrt werden. Dazu wird der Trieb entblättert und in sandige, humose Erde gesteckt.
- Quitten- und Birnbäumen tut eine leichte Mulchschicht (siehe Seite 147) gut. Ein Stammanstrich mit Lehm (siehe Seite 152) schützt die Obstbäume im Winter.
- Die beste Zeit für den Gehölzschnitt sind der Spätherbst und der Winter. Krankes und altes Holz wird weggeschnitten. Wichtig ist, nicht bei Frost zu schneiden, sonst splittert das Holz leicht und die Wunden schwächen die Pflanze. Nach dem Schnitt müssen Wundränder und Schnittflächen versorgt werden. Sie müssen mit einer Verschlussmasse sauber und dicht verschlossen werden.
- Holzstapel, Laubhügel und Steinhaufen räumen wir im Herbst nicht weg. Igel und Eidechsen, die sich vielleicht schon zum Winterschlaf darin zurückgezogen haben, sollten nicht gestört werden.
- Chinakohl, Sellerie, Winterlauch, Winter-Endivie, Rosenkohl, Pastinaken und Federkohl anhäufeln und auf den Beeten belassen, denn sie vertragen auch einige Minusgrade; sie werden geschmacklich und in ihren Inhaltsstoffen besser, wenn sie etwas Frost abbekommen.
- Rhabarber neu pflanzen und alte Stöcke mit Kompost oder verrottetem Mist abdecken.
- Rüben und Kürbisse ernten, kühl und trocken aufbewahren.
- Letzte Kräuter ernten.
- Kälteempfindliche Pflanzen wie Currykraut, Rosmarin und Eisenkraut werden erst im Frühjahr umgesetzt.

SEPTEMBER BIS OKTOBER: ZIERGARTEN

- Herbstblühende Zwiebelpflanzen müssen nun in die Erde. Die Knollen vorher 24 Stunden lang in Wasser einweichen.
- Tulpen-, Narzissen-, Schneeglöckchen-, Krokuszwiebeln und andere Frühjahrsblüher kommen jetzt in den Boden. Je früher man diese im Herbst pflanzt, desto besser wachsen sie an und umso schöner blühen sie im nächsten Frühling. Alle diese Arten brauchen einen lockeren Boden. Wenn man etwas Kompost mit in das Pflanzloch gibt, ist auch gleich für genügend Nährstoffe gesorgt. Bei undurchlässigem Boden etwas Sand hinzufügen, denn die Zwiebeln faulen bei Staunässe.
- Kaltkeimer wie Eisenhut, Phlox, Frauenmantel und Taglilie müssen vor dem Winter ins Beet. Ihre Samen brauchen einen Kälteschock, damit sie im Frühjahr gedeihen.
- Pflegeleichte Pflanzen wie Erika oder Chrysanthemen lösen die Sommerblumen und Kräuter in den Balkonkästen ab und vertragen leichte Fröste.
- Wintergrüne Gehölze wie Eibe und Efeu werden nun gepflanzt. So haben sie vor dem Winter noch genug Zeit, Wurzeln zu bilden.
- Der Heckenschnitt wird bis Ende September durchgeführt.
- Nach dem Laubfall lassen sich ungünstig platzierte oder zu eng stehend Bäume und Sträucher gut umsetzen.
- Rosen vertragen jetzt noch einen Schnitt. Wir verjüngen die Pflanzen nur leicht und schneiden lediglich kranke und verblühte Triebe zurück. Die Veredelungsstelle muss vor Bodenfrost geschützt werden, indem wir sie reichlich mit Kompost und Lauberde anhäufeln.
- Margeriten, Schwertlilien, Herbstastern und Rittersporn teilt man alle drei bis vier Jahre im Herbst und versetzt sie anschließend.
- Dahlien- und Gladiolenknollen nimmt man aus der Erde, wenn die oberirdischen Teile nach den ersten leichten Frösten vertrocknet sind. Die Triebe nicht ganz zurückschneiden, denn die Knospen für den Neuaustrieb befinden sich in Bodennähe; etwa 5 cm des alten Stängels stehen lassen. Die Knollen drinnen bei einer Temperatur von fünf bis acht Grad Celsius in einem leicht feucht gehaltenen Erde-Sand-Gemisch gelagert.

WINTER

Märchenhafte Gartenbilder

Der Winter verleiht dem Garten einen ganz besonderen Zauber und verwandelt ihn in eine Welt aus bizarren Stauden- und Gehölzskeletten. Von Schnee umhüllte Nadelbäume und stark verzweigte Gehölze strahlen eine beinahe feierliche Ruhe aus. Jetzt lassen sich auch gut Vögel beobachten, die die Samen aus den Dolden picken. Viele Pflanzen können den ganzen Winter über stehen bleiben, es sei denn, es kommt viel und sehr schwerer Schnee.

Wenn sich an kalten Wintertagen die Sonne zeigt, glitzert es überall im verzauberten Garten. Und wenn der Mond in einer wolkenlosen, kalten Nacht auf die starren Skulpturen im Garten scheint, ist das von einer ganz eigenen aparten Schönheit. Solch eine fantastische Wintergartenwelt erlebt aber nur jener Gärtner, der seine Schere im Herbst im Zaum hält. Wir plädieren darum immer wieder dafür, möglichst viele Pflanzen den Winter hindurch stehen zu lassen.

> Ernte von Federkohl (Grün- oder Krauskohl), einem sehr vitaminreichen Gemüse. Die Pflanze braucht Frost, um ihr Aroma optimal zu entwickeln, und ist bei uns den ganzen Winter hindurch auf dem Speisezettel anzutreffen.

DEN WINTERLICHEN GARTEN GENIESSEN

Morgens mit einem wärmenden Tee durch den Schnee zu stapfen, die bizarren Eisblumen an den Sträuchern und Pflanzen zu bewundern und die Vögel bei der Futtersuche zu beobachten, tut gut und beruhigt. Hin und wieder überraschen wir sogar ein Reh, das im Schnee auf den Beeten nach grünem Gemüse sucht. Die Hügelbeete dampfen an sonnigen Tagen, und wenn es die Temperaturen erlauben, essen wir draußen mit Freunden und der Familie ein Fondue oder Raclette.

DEM BODEN RUHE GÖNNEN

Im Winter muss der Boden nicht umgegraben werden, denn die nasse und harte Erde wird dabei nur unnötig verdichtet. Es gibt auch andere Meinungen und Ansichten zu diesem Thema: Einige raten zum Umgraben im Herbst, andere zur Brache und wieder andere – und dazu zählen wir uns selbst – zum Nichtstun, sprich: wir belassen es, wie es ist. Verschiedene Kleinlebewesen halten sich nur in ganz bestimmten Schichten. Wenn wir diese Bodenschichten und Strukturen durch Umgraben oder mechanische Bearbeitung verändern, zwingen wir die Kleinlebewesen dazu, in einer für sie ungünstigen Umgebung zu leben, was ihre Arbeit und somit ihren Nutzen beeinträchtigt. Und darum setzen wir lieber auf permanente Bepflanzung, Gründüngung und »Bodenkosmetik« mit Brennnessel- und Beinwellauszügen. Diese einfache Art der Bodenpflege hat sich bei uns bewährt.

WINTERLICHE ERNTE

Die Wintermonate sind keinesfalls so mager, wie man vermuten könnte. Mit etwas Wetterglück und ohne Fröste sind jetzt verschiedene Winterkohlsorten erntereif: Rosenkohl, Rot- und Weißkohl, Blumenkohl und der unverwüstliche und vitaminreiche Federkohl (Grünkohl). Auch Wurzelgemüse wie Rüben, Pastinaken, Knollensellerie und Steckrüben gibt es frisch aus dem Garten, ebenso Endivie, Winterportulak, Feldsalat und je nach Witterung sogar noch Kopfsalat und Rucola. Es gilt zu entscheiden, ob man das Gemüse auf dem Beet belassen oder ernten und einlagern will. Da wir einen relativ großen Garten bearbeiten, leisten wir uns den Luxus, einiges im Beet stehen zu lassen, mit dem Risiko, dass es gefriert. Wir sind der Überzeugung, dass Gemüse frisch aus dem Boden qualitativ und geschmacklich besser ist als eingelagertes.

>> Links: Stockrosen, Samenstände im Winter
Rechts: Knoblauch

MEERRETTICH

Der im Winter gestochene Meerrettich ist eine den ganzen Organismus stärkende Wurzelpflanze. Ab September, wenn sich die Pflanzensäfte in die Wurzeln zurückziehen, wird der Meerrettich den Winter hindurch geerntet. Außer der Verwendung in der Küche wird die Wurzel als Heilmittel bei Verdauungsbeschwerden, hartnäckigem Bronchialhusten und Lungenleiden eingesetzt. Nicht ohne Grund wird sie auch »Antibiotikum der Bauern« genannt. Die wirksamen Inhaltsstoffe des Meerrettichs sind Senfölglykoside, Vitamin C, Vitamin B1, Flavonoide und Kaliumsalze. Durch die Schärfe werden Magensaft und Gallensäure angeregt und damit der Appetit gesteigert. Nachgewiesen wurde auch eine krampflösende Wirkung auf die Muskulatur der inneren Organe. Gut bewährt hat sich die Pflanze außerdem gegen Viruserkrankungen und Entzündungen. Neben dem Roten Sonnenhut *(Echinacea purpurea)* halten wir den Meerrettich für eine der wichtigsten Pflanzen, um gesund und grippefrei durch den Winter zu kommen.

REZEPT: MEERRETTICHSCHAUM – FÜR ALLE, DIE SCHÄRFE MÖGEN

Die Meerrettichwurzel ausgraben, waschen und schälen. Anschließend fein raspeln und mit Schlagrahm (Schlagsahne), Zitronensaft und Fleur de Sel abschmecken. Meerrettichschaum passt zu Fleisch, Fisch, Wurst und Kartoffeln in der Schale. Die Menge des geraspelten Meerrettichs richtet sich nach dem gewünschten Schärfegrad. Wer es nicht so scharf mag, raspelt etwas süßlichen Apfel dazu.

˅ Der Meerrettich ist eine winterharte, ausdauernde Pflanze, die tiefe Minusgrade erträgt. Einmal im Garten angesiedelt, ist er praktisch nicht mehr auszurotten. Die bis zu einem Meter langen Pfahlwurzeln brechen beim Ernten meist ab, und aus den Wurzelresten sprießt in Kürze wieder ein neues Pflänzchen.

DEN WURZELRAUM SCHÜTZEN

Eine Schneedecke bietet Gehölzen Schutz vor tiefen Frösten im Wurzelbereich. Fehlt sie, können die Wurzeln erheblichen Schaden erleiden. Besonders gefährdet sind Beerensträucher, Quitten-, Pfirsich- und Aprikosenbäume. Wir schützen sie, indem wir eine Mulchschicht ausbringen. Geeignete Materialien sind Mischlaub, Schreddergut, Strohhäcksel oder Rindenmulch. Am besten bringt man die Mulchschicht erst aus, wenn der Boden bereits angefroren ist. Das hat einerseits den Vorteil, dass sich in der Mulchschicht keine Mäuse einnisten, und andererseits bleibt dadurch der Boden im Frühjahr länger kalt, was eine zu frühe und damit frostgefährdete Blüte verhindert.

Damit Baumstämme durch Temperaturunterschiede keine Frostrisse bekommen, tragen wir einen Lehm-Kalk-Anstrich auf (siehe Kapitel Herbst Seite 152).

∧ Für die Pflanzung von Container-Rosen heben wir ein genügend großes Loch aus (etwa eineinhalb mal so groß wie der Container), geben Kompost hinein, setzen die Pflanze und füllen mit Reifekompost auf. Als Starthilfe kommt Kompost, etwas Steinmehl und biologischer Rosendünger darauf, als Schutz eine Mulchmatte.

BAUMSCHNITT

Apfel- und Birnbäume werden während der Ruhezeit von November bis Februar geschnitten. Unsere alten Obstsorten sind eher schwachwüchsig, so wie das in der Natur auch ist, weshalb wir eher wenig schneiden.

Vor dem ersten Pflegeschnitt müssen wir entscheiden, was wir erreichen wollen. Zuerst ist es wichtig, alles tote, kranke und beschädigte Holz zu entfernen. Dann schneiden wir aus, was sich kreuzt, aneinander reibt oder zu dicht steht. Und schließlich gilt es, die Fruchtbildung für das kommende Jahr anzuregen, zu lange Triebe einzukürzen und altes Holz zu entfernen.

Wir müssen den Baum regelmäßig mit etwas Abstand anschauen und darauf achten, dass wir eine gute Kronenform erhalten. Nicht zu radikal schneiden, sonst steckt der Baum zu viel Energie in die Bildung neuer Triebe statt in die Fruchtbildung.

TIPPS ZUM BAUMSCHNITT

Wichtig ist, nicht bei Frost zu schneiden, sonst splittert das Holz leicht und die Wunden schwächen die Pflanze.

- Äste, die zur Kronenmitte hin wachsen, werden mit einer Astsäge dort abgesägt, wo sie vom Hauptstamm abzweigen. Die Baumkrone soll offen sein, damit die Luft dort gut zirkulieren und Licht einfallen kann.
- Zu lange Zweige auf die Hälfte oder ein Drittel einkürzen, und zwar immer bis zu einem Seitentrieb, der nach außen gerichtet ist.
- Wenn zwei Äste aneinander reiben, entfernen wir den schwächeren.
- Dicke Äste, die beim Schneiden abbrechen könnten, sägen wir in Etappen.
- Alte, erschöpfte Äste und Triebe entfernen, die sich an Rändern früherer Schnittstellen gebildet haben.
- Alle Sägeschnitte sollen schräg abwärts verlaufen, damit Regenwasser gut abfließen kann und die Schnittwunden nicht faulen.

∨ Wenn ein Baum zu stark beschnitten wird, bildet er viele senkrecht aufschießende Wasserschosse. Darum schneiden wir eher wenig. Wichtig ist, dass Licht und Luft in die Baumkrone kommt und die Äste nicht gegenseitig aneinander reiben.

SCHARFE, SAUBERE SCHNITTWERKZEUGE

Gartenschere, Baumschere und Säge müssen scharf und sauber sein, um den Baum nicht zu schädigen oder Krankheiten zu übertragen.

Vor und nach dem Einsatz reinigen wir die Sägeblätter und Schnittflächen mit Alkohol oder flammen diese kurz ab. Das Sägeblatt nach der Reinigung mit etwas Öl einreiben, damit es nicht rostet.

Die Klingen der Gartenschere reiben wir mit Stahlwolle ab, um Verschmutzung und Infektionsüberträger zu entfernen. Robuste Arbeitshandschuhe schützen die Finger.

GARTENGERÄTE RICHTIG EINWINTERN

Unser Gartenwerkzeug aus Kupfer hat den Vorteil, dass es nicht rostet und weitaus weniger Pflege braucht als herkömmliches Werkzeug. Wir behandeln unsere Geräte mit Liebe und Sorgfalt und pflegen sie während der Gartensaison täglich.

Bevor Maschinen und Geräte über den Winter versorgt werden können, gilt es einige Vorkehrungen zu treffen. Ziel soll sein, dass die Geräte durch die richtige Einwinterung in den ersten warmen Tagen im Frühjahr sofort funktionstüchtig parat und einsetzbar sind. Gut gewartete Geräte haben außerdem eine längere Lebensdauer. Es setzt sich kein oder weniger Rost an. Eventuelle Reparaturen können ohne Zeitdruck durchgeführt werden. Die Geräte sind ordentlich und übersichtlich gelagert. Neuanschaffungen können frühzeitig in die Wege geleitet werden.

EINWINTERN DES RASENMÄHERS
- Gründliche Reinigung – Schmutz und Gras entfernen.
- Klingen ausbauen und nachschleifen (lassen).
- Ölwechsel durchführen (lassen).
- Gehäuse mit Rostschutzmittel einsprühen.
- Tank füllen, den Benzinhahn zudrehen und den Rasenmäher so lange laufen lassen, bis er von selbst abstellt. So ist der Tank voll, der Vergaser und alle Leitungen jedoch leer.

REINIGUNG UND PFLEGE DER GARTENGERÄTE
- Groben Schmutz abklopfen oder mit einer groben Bürste entfernen, anschließend mit Schwamm und Wasser nachreinigen und gründlich abtrocknen.

Gärtner haben etwas nicht verloren oder in ihrem Garten beim Umgang mit Pflanzen wiedergefunden, was den meisten Menschen am Ende ihrer Kindheit abhanden kommt: Die ungetrübte, ungekünstelte, unbefangene Freude der Kindheit.
Claus Schulz

∧ Wir kommen mit wenigen Gartengeräten aus und schwören auf Kupfergeräte, die pflegeleicht sind und nicht rosten. Kupfer ist zudem ein ausgezeichneter Leiter. Bei der Bodenbearbeitung gilt es, den Gartenboden gut zu lüften, damit die Erde atmen kann. Auf einem verdichteten Boden gedeihen die Pflanzen nicht gut.

>> Brachzeit. Eine schützende Schneedecke lässt den Garten ruhen. Die Feuerschale verströmt Wärme, in der Glut braten wir Kastanien.

- Kanten nachschleifen.
- Danach die Geräte mit Pflanzenöl (z. B. Sonnenblumenöl) oder Spezialfett für Maschinen und Geräte (im Gartenhandel erhältlich) einreiben.

GARTENSCHLAUCH RICHTIG LAGERN
- Den Schlauch komplett entleeren. So wird ein Durchfrieren und Platzen verhindert.
- Löcher flicken oder ausschneiden und den Schlauch mit Schlauchverbindungen wieder neu zusammenfügen.
- Beim Aufrollen des Schlauches darauf achten, dass dieser an keiner Stelle geknickt ist.

GARTENSCHEREN
- Reinigen, schleifen und ebenfalls einölen.

SCHUBKARRE
- Gründlich reinigen.
- Reifen falls nötig aufpumpen und Radlager fetten.
- Prüfen, ob die Griffe noch gut halten oder neue Griffe notwendig sind.

ELEKTRISCHE GERÄTE
- Geräte (z. B. Teichpumpe) frostsicher lagern.

ALLGEMEINE REPARATUREN
Abgebrochene oder lockere Stiele an Werkzeugen austauschen und festschrauben. Im Übrigen kann man jetzt alles in Angriff nehmen, wofür während der intensiven Gartenmonate keine Zeit war.

GÄRTNERISCHER RÜCK- UND AUSBLICK

Der Übergang zwischen den Jahren ist für uns die Zeit des Rückblicks und gleichzeitig eines erwartungsvollen Ausblicks auf den kommenden Frühling. Jedes erlebte Gartenjahr macht uns als Gärtner und Menschen reifer und erfahrener. Neue Erkenntnisse diskutieren Frances und ich abends am Feuer in der warmen Stube. Wir überdenken, was gut war und was wir besser machen können. Wir versuchen, die Gedanken und Erfahrungen festzuhalten, damit wir die Entschlüsse im neuen Jahr umsetzen können. Wir schätzen den Winter, die Brachzeit, und nützen die Zeit, um selbst Kräfte zu tanken und zur Ruhe zu kommen.

ÜBERLEGUNGEN ZU ARBEIT SPARENDEN GÄRTEN

Ein Arbeit sparender Garten will gut geplant sein. Und es braucht Geduld. Es gilt, die richtige Balance zwischen geformter und wilder Natur zu finden. Das fängt bei der Einteilung der Flächen an und hört bei der Wahl der Pflanzen auf. Wichtig ist auch die Frage,

Die Zeit von Herbst bis Frühling ist ideal, um Bäume, Büsche und Stauden zu pflanzen. Der Zauberstrauch ist eine der ersten Pflanzen, die uns mit ihren rosa oder gelben Blüten am Ende des Winters beglückt.

wie viel Zeit man zur Verfügung hat. Als Faustregel gilt: Je größer der Nutzgartenanteil, desto mehr Arbeit. Denn Gemüse und Kräuter sind pflegeintensiver als Rasenflächen und Staudenbeete.

Zunächst müssen wir uns als Gärtner bewusst werden, welche Art von Garten wir wollen. Sind frische Kräuter, Gemüse und Obst wichtig, oder verzichten wir darauf? Geht es uns vor allen um Blumen und ihre Blütenpracht? Sollen Obstbäume und Beerensträucher die Hauptrolle spielen? Von allem etwas oder gar von allem alles?

Viele Gärtner machen den Fehler, dass sie am Anfang zu viel wollen und vom Start weg am liebsten gleich Selbstversorger wären. So wird jeder Quadratmeter bepflanzt, mit dem Resultat, dass Tag für Tag Zucchini, Salate, Gurken, Bohnen, Himbeeren, Blaubeeren, Trauben und vieles andere geerntet werden muss, dass Bäume geschnitten, Büsche gerodet, wuchernde Bodendecker ausgerissen werden müssen, dass gejätet und gegossen werden muss, was das Zeug hält.

Diese allgemeinen Überlegungen münden schließlich in die konkrete Gartenplanung.

> Auch im Winter zieht es uns bei gutem Wetter immer wieder hinaus, um erste vorgezogene Frühlingsblüher in die Erde zu bringen.

GARTENPLANUNG

In den Wintermonaten haben wir genügend Zeit, um einen Anbauplan für das kommende Gartenjahr zu erstellen. Die Anbaufläche wird mit Vorteil auf ein Papier aufgezeichnet und die Beete mit den geplanten Kulturen eingetragen. Wir achten besonders darauf, dass wir stark zehrenden Pflanzen wie Kohlgewächsen genügend Raum zwischen und in den Reihen geben. Auch wenn wir Mischkulturen anlegen, sollten wir bei den Hauptkulturen einen mindestens dreijährigen Fruchtwechsel einhalten. Mit dem Fruchtwechsel verhindern wir, dass der Boden einseitig ausgelaugt und Krankheiten übertragen werden. Je nach dem angestrebten Grad der Selbstversorgung mit Gemüse ergibt sich ein bestimmter Flächenbedarf. Schließlich gilt es auch zu bedenken, dass möglicherweise überschüssige Ernten verarbeitet und konserviert werden müssen oder ob die Möglichkeit besteht, sie an Freunde und Bekannte zu verteilen.

EIN NEUES GARTENJAHR BEGINNT

Nach dem Jahreswechsel beginnt schon die erste Runde der Schneckenbekämpfung im Garten. In Erdmulden, unter Brettern, Wegplatten und Mulchdecken werden Schneckeneier eingesammelt und vernichtet.

Nun ist es Zeit, die Gehölze zu schneiden, falls diese Arbeit nicht im Spätherbst erledigt wurde; so können Bäume und Sträucher im Frühling gleich durchstarten und den Garten mit ihrer üppigen Blüte verzaubern. Schon im Februar erblüht der Zauberstrauch *(Hamamelis)* mit seinen aparten Blüten in Gelb und Rot.

Gleichzeitig beginnen die ersten Vorbereitungen für die neue Gartensaison. Die Nistkästen werden aufgehängt und kontrolliert. Immergrüne Pflanzen werden falls nötig vom Schnee befreit. Die Terrakottagefäße werden mit einer Neutral-Seifenlauge oder verdünntem Essigwasser und einer Bürste schonend gereinigt.

Die Frühbeete müssen belüftet und das Laub im Steingarten entfernt werden. Das Gewächshaus nutzen wir ab März zur ersten Aussaat von Gemüse.

WINTERARBEITEN IN KÜRZE

NOVEMBER BIS DEZEMBER: NUTZGARTEN

- Auch wenn der Garten für den Winter vorbereitet wird, räumen wir nicht alles ab. Stauden, die Samenkapseln und Samen besitzen, wie etwa Feuerbusch oder Brennender Busch *(Diptam)*, Stockrosen, Gewürzfenchel und Sonnenhut, bleiben stehen. Sie sind ein Schmuck im Garten, besonders wenn sie von Reif überzogen sind.
- In Stämmen, Stängeln und Insektenhotels überwintern viele Nutzinsekten, die im kommenden Jahr die Schädlinge angehen. Darum ist es wichtig, den Garten nicht gänzlich aufzuräumen, sondern Gras, Laub, Ast und Steinhaufen an verschiedenen Stellen auf dem Gelände zu belassen; darin können auch Igel, Blindschleichen, Salamander, Kröten und Frösche darin Unterschlupf finden.
- Die Beete noch einmal von Unkraut befreien. Leicht verrottbares Laub auf die Beete verteilen.
- Abgeräumte Beete werden vor Frost geschützt; dazu Kompost und Mulch ausbringen. Grasschnitt und Gartenabfälle schützen vor Nährstoffverlust. Diese Abdeckung kommt in einer etwa 1 bis 2 cm dicken Schicht auf die abgeräumten Beete, denn die Mikroorganismen im Boden benötigen eine ausreichende Luftzufuhr, um die Pflanzenteile in nährstoffreichen Humus zu verwandeln. Zu dicke Schichten ersticken den Boden und führen zu Fäulnis.
- Beete eventuell mit Folie abdecken, um Pflanzen vor starkem Regen und Frost zu schützen.
- Unter Bäumen und Sträuchern lassen wir das gefallene Herbstlaub liegen.
- Schwer verrottbares Laub schreddern wir vor dem Kompostieren. Dazu gehören zum Beispiel Walnuss-, Eichen-, Kastanien- oder Pappelblätter. Diese sollten mit anderen organischen Materialien wie Rasenschnitt, kleinen Zweigen oder Küchenabfällen gemischt werden. Der Laubanteil sollte nicht mehr als etwa ein Fünftel betragen.
- An frostfreien Tagen erfolgt nun die Pflanzung von wurzelnackten Bäumen und Sträuchern.
- Apfel- und Birnbäume sowie Beerensträucher werden geschnitten, ehe der Boden zu kalt und zu nass wird.
- Jetzt ist es Zeit, den Chinakohl zu ernten. Das knackige Gemüse verträgt problemlos leichten Frost. Chinakohl ist leicht verdaulich und enthält viel Vitamin C, Ballaststoffe sowie Spurenelemente.
- Die Haupterntezeit von Rosenkohl ist von November bis Mitte Januar. Leichter Frost schadet ihm nicht. Er sorgt sogar dafür, dass die Röschen das gewünschte Aroma erhalten, denn durch die Minusgrade erhöht sich ihr Zuckergehalt. In sehr rauen Gegenden mit anhaltendem Frost sollte man die Pflanzen mit Vlies oder Reisig schützen.
- Lauch, Endivie, Feldsalat, Radicchio, Fenchel, Pastinake, Schwarzer Rettich, Rote Bete (Rande), Schwarzwurzel, Topinambur, Blumenkohl, Brokkoli, Federkohl, Weißkohl warten auf die Ernte.

NOVEMBER BIS DEZEMBER: ZIERGARTEN

- Die Kübelpflanzen brauchen einen Frostschutz. Tontöpfe sollten nicht direkt auf dem Boden stehen, damit das Wasser ablaufen kann. Andernfalls besteht die Gefahr, dass sich das Stauwasser beim Gefrieren ausdehnt und die Töpfe sprengt.
- Zimmerpflanzen wie Orchideen in Fensternähe platzieren, damit sie ausreichend Tageslicht bekommen, jedoch nicht in die pralle Sonne stellen.
- Amarylliszwiebeln eintopfen.
- Letzte Blumenzwiebeln für die Frühlingsblüte in Garten und Balkongefäße setzen.
- Frostgefährdete Wasserleitungen und Wasserbecken im Nutz- und Ziergarten entleeren.
- Ab Ende November fällt vielerorts der erste Schnee, ab Januar ist mit verstärktem Schneefall zu rechnen. Um Schneebruch zu vermeiden, muss der Schnee von Bäumen, Sträuchern und Hecken abgeschüttelt sowie von den Dächern der Treibhäuser und Frühbeete weggeräumt werden.

VORBEREITUNG AUF DIE NEUE GARTENSAISON

Jedes Gartenjahr bringt uns neue Erfahrungen, neue Erkenntnisse, die wir überdenken und umsetzen können. War die Ernte gut? Warum ist das eine gut, etwas anderes schlecht gewachsen? Was hat sich bewährt, was muss geändert werden? Es ist eine gute Zeit zum Planen, in Saatgut- und Gartenkatalogen, in Zeitschriften und Büchern zu stöbern.

Und auch draußen gibt es schon etwas zu tun: Wenn der Boden trocken ist, führen wir ihm Nährstoffe in Form von gutem Kompost und verrottetem Stallmist zu. Wir verteilen die Gaben auf den Beeten und lassen sie von den Bodenlebewesen einarbeiten.

Das neue Gartenjahr kann beginnen …

»ICH WÜNSCHE MIR EINEN GARTEN«

KRÄUTERGARTEN HOF WEISSBAD

Als Gartengestalter haben Frances und ich in den vergangenen Jahren einige wunderbare Gartenprojekte in England, Irland und der Schweiz begleitet. Ganz in unserer Nähe haben wir für das Wellnesshotel Hof Weissbad einen in der Schweiz einzigartigen Kräutergarten angelegt. Hier, im appenzellischen Weissbad, scheinen sich die Pflanzen wohl zu fühlen, denn sie zeigen sich von ihrer besten Seite.

Der fuchsiafarbene Johannisbeersalbei betört mit seinem Duft, der gemeine Schnittlauch wächst ebenso üppig wie die koreanische Minze und der purpurne Shiso, der Reisgerichten eine ganz besondere Note verleiht. Im tausend Quadratmeter großen Garten gedeihen rund achtzig Heil-, Gewürz- und Küchenkräuter, sehr zur Freude von Küchenchefin Käthi Fässler, die für ihre Gault-Millau-Punkteküche bei ihrem täglichen Streifzug durch den Garten frische biologische Zutaten pflücken kann und damit kulinarische Kunstwerke auf die Teller der Gäste zaubert. Und was gibt es schließlich Besseres als den frischen Duft eines am Morgen gepflückten anregenden Thymian- oder Rosmarintees oder den Genuss eines beruhigenden Eisenkraut- oder Melissentees vor dem Zubettgehen?

Der Kräutergarten hat aber nicht nur die Funktion, das Hotel mit frischen, erstklassigen Zutaten zu versorgen. Er ist auch eine Wellnessoase. Eine meditative Ruhe umgibt die üppigen Pflanzen mit ihren prachtvollen Blüten und wunderbaren Düften – ein besonderes sinnliches Erlebnis für die Gäste des »Hof Weissbad«. Der Garten ist gleichzeitig ein Ort der Begegnung zwischen Gästen, Mitarbeitern und Einheimischen. Er lädt zu Arbeiten wie Hacken, Schneiden, Pflücken, Aufbinden und Gießen ein. Er animiert zum Aktivsein und bietet gleichzeitig einen Rückzugsort und Raum für Entspannung.

Unserer Gartenphilosophie entsprechend haben wir neben den Beeten mit Kräutern, Beeren und Gemüse auch Bauten und Unterschlupfmöglichkeiten für Insekten, Würmer, Igel und Vögel angelegt, sodass sich die fleißigen Helfer hier zu Hause fühlen. Würmer leben im Wurmkomposter und sorgen für Boden-belüftung. Die Igel nutzen auf ihren nächtlichen Streifzügen gerne die in den Garten integrierte Höhle und halten die Schnecken in Schach. In umgedrehten, mit Stroh oder Holzwolle gefüllten Tontöpfen finden die Ohrwürmer Unterschlupf – und sie verzehren dabei Unmengen von Läusen. Neben den Marienkäfern sind sie unermüdliche Helfer beim Kampf gegen diese Schadinsekten. Unter den alten Holunderbäumen haben wir Lavendel, Kapuzinerkresse und Knoblauch gepflanzt; auch sie halten Läuse fern. Fenchel, Dill und Koriander locken Schwebfliegen und Schlupfwespen an, die das Insektenhotel bewohnen und im Garten ebenfalls mit Blattläusen aufräumen.

Der Kräutergarten des Wellnesshotels Hof Weisbad ist eine wahre Augenweide – ein Eldorado für Erholungssuchende wie auch für Gartenfreunde.

> Im »Hof Weissbad« im Appenzell haben wir einen der schönsten Kräutergärten der Schweiz angelegt. Für die Hotelgäste ein Ort zum Verweilen und für die Küchenbrigade ein Schatz an herrlichen Kräutern für die Kreationen der hoch dotierten Küche von Käthi Fässler.

Hotel Hof Weissbad
Im Park 1
9057 Weissbad

+41 (0)71 798 80 80
hotel@hofweissbad.ch
www.hofweissbad.ch

ANHANG

GEMÜSE, KRÄUTER, BEEREN UND OBST: UNSERE FAVORITEN IM ÜBERBLICK

GEMÜSE

Blumenkohl und Brokkoli

Der feine Geschmack und der hohe Vitamin- und Mineralstoffgehalt machen Blumenkohl und Brokkoli für uns zu wichtigen Gartengemüsen.

Boden und Düngung: Blumenkohl und Brokkoli sind sehr anspruchsvoll und brauchen einen guten, mit reichlich Kompost versorgten Gartenboden. Ein ausreichend großer Nährstoffvorrat und eine gute Bewässerung sind wichtig für ein gutes Wachstum.

Anbau: Sowohl Blumenkohl wie Brokkoli säen wir ab April im geschützten Treibhaus. Nach dem Auspflanzen der jungen Sämlinge wird während der Kulturzeit die Erde mehrmals gelockert und angehäufelt. Dies verbessert die Wurzelbildung und die Standfestigkeit.

Ernte: Bei Brokkoli ist der richtige Erntezeitpunkt dann erreicht, wenn die grünen Blütenköpfe gut entwickelt sind, aber noch nicht blühen. Nach der Ernte der Hauptsprosse die Pflanzen noch nicht abräumen; sie bilden laufend Seitensprosse, die man ernten kann.

Buschbohnen

Buschbohnen sind frostempfindlich. Längere nasse, kalte Perioden während des Sommers können sich ungünstig auf das Wachstum und den Ertrag auswirken.

Anbau: Gesät werden Buschbohnen bei warmem Wetter ab Mitte Mai bis Anfang Juli.

Düngung: Ausbringen von Reifekompost im Frühjahr vor der Saat. Um die Wurzelentwicklung und die Standfestigkeit zu fördern, häufeln wir die Bohnen bei einer Größe von 10 bis 15 cm gut an.

Kulturdauer: 10 Wochen.

Chinakohl

Anbau: Chinakohl kann ab Mitte Juli direkt ausgesät oder als Setzlinge bis Anfang August gepflanzt werden.

Düngung: Sobald die Pflanzen wachsen, erhält die Kultur eine leichte Düngung mit reifem Kompost. Ungünstige Wachstumsbedingungen verursachen Stockungen im Wachstum.

Kulturdauer: 12 Wochen.

Erbsen und Kefen (Zuckerschoten)

Boden: Erbsen und Kefen (Zuckerschoten) sind eine gute Vorkultur für Spätgemüse (Herbstgemüse), da sie den Boden nicht zu sehr auslaugen und relativ früh in der Saison gesät werden können. In Bezug auf den Boden sind sie relativ anspruchslos; er sollte aber nicht zu schwer sein und wenn möglich einen neutralen pH-Wert aufweisen. Sie bevorzugen eine sonnige Lage.

Düngung: Bei einem guten Gartenboden ist eine Düngung nicht notwendig. Wenn die Pflanzen etwa 10 cm hoch sind, häufeln wir sie an.

Anbau: Erbsen und Kefen säen wir entweder kreisförmig um Stickel oder in Doppelreihen in die Mitte des Gartenbeets; dann werden die Pflanzen durch ein in der Mitte der beiden Reihen aufgestelltes Drahtgeflecht gestützt. Bei niedrig wachsenden Sorten kann man auch einfach Reisig dazwischenstecken.

Ernte: Von den Kefen (Zuckerschoten) werden die süßen Hülsen mit den nicht voll entwickelten Körnern gepflückt und gegessen.

Kulturdauer: 11 Wochen.

Federkohl (Grünkohl)

Federkohl, auch Grünkohl genannt, gehört zu den Vitamin-C-reichsten Gemüsesorten.

Boden: Als anspruchslose Kohlart gedeiht er als Nachkultur nach bereits geerntetem Frühjahrsgemüse, Salaten und Radieschen bei ausreichender Wasserversorgung in allen guten Gartenböden.

Anbau: Federkohl pflanzen wir als Setzlinge von Juni bis Mitte Juli für den Verzehr im Winter.

Ernte: Geerntet werden die Blätter in den Wintermonaten. Frost verbessert und verfeinert den Geschmack. Wie Rosenkohl kann auch Federkohl den ganzen Winter über im Garten stehen gelassen werden.

Fenchel

Fenchel ist eine sehr alte Gemüse-, Gewürz- und Heilpflanze und ein wichtiges Gemüse im Hausgarten.

Boden: Fenchel gedeiht besonders gut auf tiefgründigem, kalkhaltigem und humosem Lehmboden.

Düngung: Grunddüngung mit Kompost und eventuell eine spätere Gabe Stein- und Algenmehl.

Anbau: Sommerfenchel säen wir ab Mitte Mai in Reihen und dünnen ihn später auf 20 bis 25 cm Abstand aus.

Pflege: Fenchel liebt eine warme und sonnige Lage mit genügend Feuchtigkeit und erfordert mehrmaliges Lockern des Bodens und reichliches Gießen. Wenn man Herbstfenchel (Aussaat: Mitte Juni bis Anfang Juli) im letzten Stadium leicht anhäufelt, bleiben die Knollen zart und sind vor den ersten Frösten geschützt.

Grünspargel

Grünspargel hat fleischige, frostharte Wurzeln, die im Boden überwintern und im Frühjahr neu austreiben. Die jungen Sprosse werden im Frühjahr geerntet. Da man eine Spargelkultur für 10 bis 15 Jahre anlegt, sind der Standort und die Größe der Fläche sorgfältig auszuwählen.

Boden: Grünspargel benötigt einen warmen, sonnigen Standort mit einem sandigen, mittelschweren, humusreichen Boden.

Düngung: Gedüngt wird mit gutem Kompost vor dem Pflanzen und im Frühsommer nach der Ernte.

Anbau: Die Spargelwurzeln setzen wir im April in gut vorbereiteten Boden in 10 bis 15 cm tiefe Gräben. Beim Pflanzen breiten wir die Wurzeln strahlenförmig aus und decken sie zu. In den ersten zwei Jahren lassen wir die Spargelpflanzen wachsen und ernten erst im dritten Jahr.

Pflege und Ernte: Die im Frühjahr erscheinenden Spargelstangen schneidet man direkt über dem Boden ab, sobald sie etwa 20 cm lang sind. Ernten kann man bis zum 21. Juni, dann düngen wir die Pflanzen, lockern die Zwischenräume gut auf und versehen die Fläche mit einer Mulchschicht aus gut verrottetem Mist, Mulchkompost oder kurz geschnittenem Stroh. Im Herbst schneiden wir das Spargelkraut flach über dem Boden ab.

In den ersten zwei Jahren der Spargelkultur können die Zwischenräume noch für andere Gemüsepflanzungen benutzt werden.

Gurken

Gurken sind sehr wärmebedürftig und frostempfindlich.

Boden: Gurken gedeihen in einem mittelschweren, humosen und nährstoffreichen Boden.

Anbau: Gurken ziehen wir ab Ende April in Töpfen (2 bis 3 Samen pro 8-Zentimeter-Topf) an einem warmen, geschützten Ort. Die vorgezogenen Setzlinge pflanzen wir ab Anfang Juni auf kleine Hügel. Die Pflanzen benötigen gerne etwa einen Quadratmeter Platz. Wir ziehen sie an Stäben hoch, damit sie nicht das ganze Beet überwuchern.

Pflege: Frisch gepflanzte Gurkensetzlinge reagieren empfindlich auf längere Phasen schlechten Wetters und auf Schneckenfraß. Gurken brauchen viel Wasser.

Düngung: Gedüngt wird mit gut verrottetem Mist oder Kompost.

Kulturdauer: 12 bis 16 Wochen.

Herbstrübe

Die Herbstrübe (in der Schweiz auch Räbe genannt) ist reich an Mineralstoffen und Vitaminen. Angebaut wird sie meist als Nachkultur nach Frühgemüse oder frühen Kartoffeln.

Boden: Die Herbstrübe gedeiht auf praktisch allen Gartenböden.

Anbau und Pflege: Ausgesät wird Mitte bis Ende Juli. Später wird in der Reihe auf 10 bis 15 cm ausgedünnt. Die Kultur ist problemlos.

Ernte: Geerntet wird ab Mitte Oktober bis November.

Karotten

Karotten sind eines der wichtigsten, beliebtesten und meistverkauften Gemüse, dies sicher aufgrund ihrer vielseitigen Verwendungsmöglichkeiten. Sie sind über den Winter bis in das folgende Frühjahr hinein einfach zu lagern.

Boden: Karotten lieben einen tiefgründigen, mittelschweren, humosen und gut bearbeiteten Boden. In sandigen Böden gedeihen sie besonders schön.

Düngung: Vor der Aussaat wird eine Grunddüngung mit gut verrottetem Kompost vorgenommen.

Anbau: Karotten werden direkt ausgesät und später ausgedünnt, da meist zu dicht gesät wurde. Um dies zu verhindern, mischen wir etwas Sand unter die Karottensamen.

Kulturdauer: 10 bis 12 Wochen.

Kartoffeln

Wir pflanzen Kartoffeln meist auf neu angelegten Beeten und auf Wiesenumbruch.

Boden: Kartoffeln bevorzugen mittelschwere, humose und nährstoffreiche Böden.

Düngung: Als Grunddüngung erhalten sie Mist oder Kompost.

Anbau: Je nach Lage werden Kartoffeln ab April bis Mai gepflanzt. Wenn die Pflanzen 10 bis 20 cm hoch sind, werden sie angehäufelt.

Ernte: Kartoffeln kann man laufend ab Mitte Juli bis in den Herbst hinein ernten.

Knoblauch

Der Knoblauch ist mit unserem heimischen wild wachsenden Bärlauch verwandt.

Boden und Düngung: Knoblauch bevorzugt, gleich wie die Steckzwiebel, warme, sandig-humose Böden und sollte vor dem Setzen eine leichte Kompostgabe erhalten.

Anbau und Ernte: Im Herbst werden die Knoblauchzehen einzeln gesetzt, im Sommer des folgenden Jahres kann geerntet werden.

Knollensellerie

Der Knollensellerie wird aufgrund seiner stärkenden Wirkung auf den menschlichen Organismus auch »Ginseng des Westens« genannt.

Boden: Knollensellerie bevorzugt einen mittelschweren, humosen und nährstoffreichen Boden mit einem guten Wasserhaltevermögen.

Düngung: Vor dem Pflanzen und nach guter Anfangsentwicklung geben wir eine leichte Kompostgabe.

Anbau: Knollensellerie wird ab Mitte Mai als Setzlinge ins Beet gepflanzt.

Kulturdauer: 18 Wochen.

Kohlrabi

Kohlrabi kann laufend über die ganze Kulturperiode angepflanzt und geerntet werden. Wegen ihrer kurzen Kulturzeit gehören Kohlrabi im Frühjahr zu den ersten und im Herbst zu den letzten Gemüsen.

<u>Boden und Düngung</u>: Kohlrabi bevorzugen einen humosen, eher mittelschweren Boden mit einer guten Nährstoffversorgung.

<u>Anbau und Pflege</u>: Kohlrabi säen wir ab April in Töpfe und später direkt ins Freiland. Wachstumsstörungen, bedingt durch Trockenheit, Nährstoffmangel oder Fröste, können zur Folge haben, dass die Kohlrabi weniger zart sind. Während der Kultur sollte der Boden mehrmals gut gelockert werden.

<u>Kulturdauer</u>: 6-8 Wochen

Lauch

Im Hausgarten unterscheiden wir zwischen Sommer- und Winterlauch.

<u>Boden</u>: Lauch gedeiht auf tiefgründigen, humusreichen und mittelschweren Böden. Eine gute Wasserversorgung ist wichtig.

<u>Düngung</u>: Einer Grunddüngung mit Kompost folgt bei uns eine Kopfdüngung nach guter Anfangsentwicklung.

<u>Anbau und Pflege</u>: Sommerlauch säen wir Mitte März. Die Setzlinge kommen Mitte Mai ins Beet. Während der Kulturzeit hacken wir mehrmals und häufeln die Lauchstängel an. Winterlauch säen wir Mitte bis Ende Mai und pflanzen ihn ab Mitte Juli aus.

<u>Kulturdauer</u>: 20 Wochen.

Paprika/Gemüsepaprika (Peperoni)

Paprika sind im Hausgarten ein Liebhabergemüse und in unseren Breiten relativ schwierig im Anbau. Sie sind sehr wärmebedürftig und gedeihen nur an warmen, milden und geschützten Standorten.

<u>Boden und Düngung</u>: Wie den Tomaten geben wir den Paprikapflanzen eine Packung gut verrotteten Stallmist oder Kompost und düngen wöchentlich mit verdünnter Brennnessel-, Beinwell- und Tomatenjauche.

<u>Anbau</u>: Paprika säen wir im April und pflanzen die Setzlinge Ende Mai in die Beete.

<u>Pflege</u>: Die Pflanzen brauchen wie Tomaten eine Stütze. Eine gute Wasserversorgung während des Wachstums ist wichtig.

<u>Kulturdauer</u>: 12 bis 16 Wochen.

Pastinake

Die Pastinake ist ein Wurzelgemüse mit einem würzigen, petersilienähnlichen Geschmack. Die Wurzel ist frosthart und kann im Gartenbeet überwintern.

<u>Boden und Düngung</u>: Tiefgründige Böden sagen dem Wurzelgemüse besonders zu. Pastinaken schätzen eine leichte Kompostgabe nach dem Aufkeimen.

<u>Anbau und Pflege</u>: Gesät wird in Reihen von April bis Mai. Die Keimung erfolgt langsam, weshalb wir einige Radieschensamen mitsäen, um die Reihen leichter zu erkennen. Nach dem Erstarken der Sämlinge vereinzeln wir sie auf 10 bis 15 cm. Während der Kultur den Boden öfter lockern.

<u>Kulturdauer</u>: 24 bis 28 Wochen.

Radieschen

Radieschen sind eine schnell wachsende Vor-, Zwischen- oder Nachkultur.

Anbau: Radieschen werden in Reihen über die ganze Vegetationszeit von April bis September direkt ausgesät. Nach genügender Entwicklung vereinzeln wir sie auf 5 bis 10 cm.

Düngung und Pflege: Wir düngen Radieschen nicht speziell. Genügend Feuchtigkeit ist wichtig, sonst werden die Pflanzen hohl, pelzig oder schießen aus.

Kulturdauer: 4 bis 6 Wochen.

Rettich

Rettich ist aufgrund seines hohen basischen Wertes in der Diätküche sehr geschätzt.

Boden: Rettich liebt einen mittelschweren, gut bearbeiteten Boden an einer sonnigen Lage.

Anbau und Pflege: Rettich wird von uns in Reihen von April bis August direkt ausgesät und später auf 10 bis 15 cm vereinzelt.

Kulturdauer: 8 bis 10 Wochen.

Rosenkohl

Rosenkohl nimmt wegen seines hohen Vitamin- und Mineralstoffgehalts einen wichtigen Platz unter den Wintergemüsen ein.

Anbau: Rosenkohl wird bei uns ab Mitte Juni gepflanzt. Wie die anderen Kohlgewächse ziehen wir ihn aus Setzlingen.

Boden und Düngung: Guter, mit reichlich Kompost versorgter Gartenboden.

Pflege: Häufiges Lockern und gutes Anhäufeln der erstarkenden Rosenkohlpflanzen ist für eine gute Standfestigkeit besonders wichtig.

Kulturdauer: 18 Wochen.

Salate

Eisbergsalat

Eisbergsalat (Krachsalat) ist bei uns sehr beliebt. Er schießt nicht auf und verträgt die Sommerhitze sehr gut.

Kultur: Eisbergsalat hat eine etwas längere Kulturzeit als Kopfsalat, ansonsten aber die gleichen Ansprüche an Boden und Düngung.

Endivie

In unserem Garten ist die Endivie ein typischer Herbstsalat.

Boden und Düngung: Entsprechen in etwa den Anforderungen des Kopfsalats (siehe unten).

Anbau: Endivien werden Ende Juni bis Mitte Juli direkt ausgesät oder als Setzlinge ab Juli bis Mitte August gepflanzt. Zu langsames Keimen, ausgelöst durch Trockenheit oder Kälte, begünstigen späteres Aufschießen.

Feld-, Acker-, Nüsslisalat

Wegen seiner Frosthärte wird Feldsalat meist im Frühherbst angebaut. Er ist sehr einfach zu kultivieren.

Anbau: Für die Winterernte säen wir im August und September in Reihen oder als Breitsaat etwa 1½ cm tief.

Pflege: Feldsalat ist anspruchslos und braucht nicht gedüngt zu werden.

Kopfsalat

Kopfsalat ist bei uns eine der am häufigsten verzehrten Salatarten.

Boden und Düngung: Kopfsalat gedeiht auf den meisten Böden, bevorzugt jedoch mittelschwere, humose Standorte. Vor dem Säen geben wir eine leichte Kompostgabe.

Anbau: Wir beginnen mit dem Anbau im gedeckten Treibbeet oder Folientunnel im April. Um fortlaufend zu ernten, säen wir in Abständen von zwei bis drei Wochen nach. Die letzte Pflanzung erfolgt Anfang August. Während der Kulturzeit wird der Boden mehrmals gelockert.

Kulturdauer: 6 bis 8 Wochen.

Rote Bete (Rande)

Rote Beten (Randen) sind ein gesundes Salatgemüse.

Boden: Rote Bete gedeiht auf tiefgründigem, humusreichem, mittelschwerem Boden.

Düngung: Eine gute Grunddüngung mit reifem Kompost deckt den Nährstoffbedarf bis zur Ernte.

Anbau: Die Direktsaat erfolgt Ende April bis Ende Mai. Nach dem Erstarken der jungen Pflanzen werden sie auf etwa 10 cm ausgedünnt. Wir ziehen sie auch als Setzlinge und pflanzen diese ab Mitte Mai aus. Rote Beten (Randen) lassen sich über den Winter gut lagern.

Kulturdauer: 18 Wochen.

Schnittsalat

Schnittsalat überbrückt im Sommer Lücken im Salatangebot und wird von uns als wertvolle Zwischenkultur genutzt.

Anbau und Pflege: Schnittsalate werden ab April oder Mai den ganzen Sommer hindurch direkt ausgesät. Als Zwischenkultur werden sie nicht speziell gedüngt und sind eher anspruchslos.

Kulturdauer: 6 bis 8 Wochen.

Zuckerhut

Zuckerhut ist ein typischer Herbstsalat, der über den Winter gut gelagert werden kann.

Boden und Düngung: Da Zuckerhut meist als Nachkultur angebaut wird, geben wir ihm nach der Pflanzung eine leichte Kompostgabe.

Anbau: Wir säen Zuckerhut ab Mitte Juni und pflanzen die Setzlinge Ende Juli bis Mitte August ins Beet. Geerntet wir meist nach der Endivie; Zuckerhut verträgt leichte Fröste.

Schnittmangold

Schnittmangold ist der kleine Bruder des Stielmangolds (siehe Seite 196). Er ist zweijährig und kann den ganzen Sommer hindurch geerntet werden.

Boden und Düngung: Mangold bevorzugt einen mittelschweren und nährstoffreichen Boden.

Anbau und Pflege: Schnittmangold wird ab Ende April bis Mitte Juli direkt in Reihen gesät. Während der Kultur die Erde mehrmals lockern.

Ernte: Geerntet werden die Blätter nach ausreichender Erstarkung der Pflanzen.

Schwarzwurzel

Die Schwarzwurzel wird im Volksmund auch »Spargel des armen Mannes« genannt. Sie enthält Provitamin A, die Vitamine B1, B2, B3, C und E sowie sehr viel Kalium, Calcium, Magnesium und Phosphor. Darüber hinaus besitzt sie viel Eisen, Asparagin (entgiftend, harntreibend, blutreinigend) und Allantoin (hautpflegend).

Boden: Schwarzwurzeln gedeihen in tiefgründigen, lockeren und nährstoffreichen Böden.

Düngung: Wir geben vorab eine gute Kompostgabe und arbeiten etwas Sand in das Beet ein, damit sich die Wurzeln gut entwickeln können.

Anbau: Die Aussaat erfolgt zeitig im Frühjahr, sobald sich die Erde erwärmt hat und gut abgetrocknet ist. Nach dem Erstarken werden die jungen Pflanzen ausgedünnt.

Ernte: Im Herbst, wenn die Blätter absterben, werden die Wurzeln vorsichtig mit einer Grabgabel geerntet.

Spinat

Spinat ist ein ausgewogener Vitamin- und Mineralstofflieferant, vor allem der B-Gruppe sowie Beta-Carotine. Er dient in unserem Garten als wichtige Zwischenpflanzung.

Boden: Die Kulturansprüche von Spinat sind gering. Er bevorzugt einen mittelschweren und nährstoffreichen Boden.

Düngung: Spinat erhält von uns nur eine leichte Kompostgabe vor der Saat. Auf eine spätere Nachdüngung verzichten wir, da die Pflanze relativ anspruchslos ist.

Anbau: Spinat wird direkt in Reihen oder breitwürfig auf freie Beetflächen gesät, und zwar im Frühjahr ab Anfang April beziehungsweise für Herbst- oder Winterspinat von August bis Mitte September.

Pflege: Während der Kulturzeit die Erde ein- bis zweimal lockern.

Kulturdauer: 6 bis 8 Wochen.

Stangenbohnen

Stangenbohnen unterscheiden sich von den Buschbohnen durch ihren kletternden Wuchs. Sie sind etwas wetterempfindlicher als Buschbohnen, haben eine längere Kulturzeit und einen höheren Nährstoffbedarf. In höheren Lagen ab etwa 900 Meter über dem Meer gedeihen Stangenbohnen nur an milden und sonnigen Standorten. Hier sind frühe Sorten geeignet.

Düngung: Stangenbohnen schätzen eine Grunddüngung mit Reifekompost vor der Saat.

Anbau: Gesät wird ab Mitte Mai bis Mitte Juni in Reihen oder um Stickel. Später ziehen wir die Pflanzen in den Reihen an Schnüren oder an Bambus- oder Haselstangen hoch. Stangenbohnen müssen während des Wachstums laufend neu festgebunden werden.

Kulturdauer: 12 Wochen.

Stangensellerie

Von Stangen- oder Staudensellerie werden die zarten Blattsiele als Gemüse und für Salate verwendet.

Anbau: Die Kultur entspricht der von Knollensellerie (siehe Seite 192).

Stielmangold

Stielmangold, in der Schweiz auch Krautstiel genannt, bildet breite weiße oder rote Blattrippen und ist ein beliebtes Gemüse.

Boden: Krautstiel bevorzugt mittelschwere und nährstoffreiche Böden.

Anbau: Wir pflanzen die Setzlinge Ende Mai, sobald keine Fröste mehr zu erwarten sind.

Düngung und Pflege: Neben einer Grunddüngung geben wie den Pflanzen nach der Anfangsentwicklung nochmals eine leichte Düngung mit Kompost. Während der Kulturzeit lockern wir die Erde mehrmals.

Kulturdauer: 9 Wochen.

Tomaten

Tomaten sind bei uns eines der meistverzehrten Gemüse überhaupt. Wir bauen sowohl die kleinen Cherrytomaten wie die samenarmen länglichen San-Marzano-Tomaten und mittelgroße und große Fleischtomaten an.

Boden: Tomaten gedeihen an warmen und milden Standorten auf mittelschweren, humosen Böden.

Düngung: Wir geben den Tomaten eine Packung mit gut verrottetem Stallmist, Kompost und düngen wöchentlich mit verdünnter Brennnessel-, Beinwell- und Tomatenjauche.

Anbau: Gesät wird ab April im Treibhaus, und nach den Eisheiligen Ende Mai kommen die Pflanzen ins Freiland.

Pflege: Wir ziehen die Tomaten an Bambusstäben hoch und brechen die Seitentriebe laufend aus. Nach der Bildung von fünf bis sechs Blütenständen, spätestens Anfang August, brechen wir die Triebspitze ab, damit die ganze Kraft der Pflanze in die Früchte gelangt und möglichst viele davon direkt an der Pflanze ausreifen können. Im Herbst, vor Frostbeginn, pflücken wir die verbliebenen, noch grünen Früchte, legen sie in Kistchen und lagern sie zum Nachreifen in einem warmen Raum.

Topinambur

Topinambur gehört zur selben Gattung wie die Sonnenblume und hat auch ähnliche gelbe Blütenstände. An ihren Wurzeln bildet sie die begehrten bis zu kartoffelgroßen Knollen; sie haben einen nussartigen Geschmack und sind in der Diätküche sehr beliebt (Ballaststoff Inulin).

Boden und Düngung: Topinambur gedeiht auf allen leichten bis mittelschweren Böden. Eine gute Kompostgabe im Frühjahr deckt ihren Nährstoffbedarf.

Anbau: Gepflanzt werden die Knollen im April und Mai etwa 10 cm tief. Die Pflanze kann bis zu drei Meter hoch werden.

Pflege: Außer regelmäßigem Hacken und Unkrautbekämpfung ist keine spezielle Pflege notwendig. Geerntet werden die Knollen von Herbst bis Frühjahr. Die Knollen sind winterhart. Wo einmal Topinambur gepflanzt wurde, kehren sie Jahr für Jahr wieder, da im Boden belassene Knollen im Frühjahr wieder austreiben.

Weißkohl, Rotkohl, Wirsing

Boden und Düngung: Alle Kohlarten gedeihen am besten in mittelschweren, humusreichen Böden. Eine ausreichende Versorgung des Bodens mit Kalk (Steinmehl, Algenmehl) und Kompost ist besonders wichtig.

Anbau und Pflege: Kohlgewächse säen wir im April im Treibhaus und pflanzen sie Ende Mai in das vorbereitete Beet. Während der Wachstumsperiode häufig den Boden lockern und anhäufeln. Um ein Aufplatzen der Köpfe zu vermeiden, achten wir besonders auf eine gute Wasserversorgung.

Kulturdauer: 10 bis 16 Wochen.

Zucchini, Zucchetti

Zucchini sind ein beliebtes Sommergemüse.

Boden und Düngung: Wie Gurken (siehe Seite 191). Zucchini bauen wir oft auf dem halbverrotteten Komposthaufen an. Hier brauchen sie keinen zusätzlichen Dünger und gedeihen prächtig.

Anbau: Wir ziehen Zucchini wie Gurken in Töpfen vor und pflanzen die Setzlinge Anfang Juni aus. Wie Gurken brauchen auch sie viel Wasser.

Ernte: Zucchini werden geerntet, wenn sie 10 bis 20 cm lang sind.

Zwiebel

Seit dem Mittelalter wird diese Kulturpflanze bei uns als Heil- und Gemüsepflanze angebaut.

Boden: Warme, sandig-humose Böden sagen der Zwiebel besonders zu.

Düngung: Steckzwiebeln erhalten vor dem Stecken eine leichte Kompostgabe.

Anbau: Die vorkultivierten kleinen Zwiebeln werden im Frühjahr Ende März bis April oder für Winterzwiebeln Ende August bis Mitte September so tief in die Erde gesteckt, dass der Zwiebelhals leicht bedeckt ist.

Ernte: Zwiebeln werden erst geerntet, wenn das Laub weitgehend verwelkt und zu mindestens einem Drittel gelblich-bräunlich geworden ist. Vor der Lagerung werden sie luftig getrocknet.

Regeln zur Lagerung von Gemüse
- Gemüsesorten mit langer Kulturzeit sind in der Regel länger haltbar als solche mit kurzer Kulturzeit.
- Ernte und Transport müssen mit großer Sorgfalt geschehen. Schlag- und Druckverletzungen sind unbedingt zu vermeiden.
- Nur trockenes und gesundes Gemüse einlagern. Aufgesprungene oder verletzte Kohlköpfe, Karotten oder Sellerieknollen werden nicht gelagert, sondern sollen möglichst schnell verwendet werden.
- Eingelagertes Gemüse muss laufend auf Fäulnis kontrolliert werden.

KRÄUTER UND GEWÜRZE

Ein Kräuterbeet sollte in keinem Garten fehlen, denn die vielfältigen Aromen der Kräuter sind einzigartig und gesund. Angelegt wird das Kräuterbeet vorzugsweise an einer milden und sonnigen Lage in der Nähe der Küche. Frisch geerntet schmecken Kräuter am besten. Meistens sind es die jungen Triebspitzen oder Blättchen, die verwendet werden. Sogar im Winter bei frostfreiem Wetter können von immergrünen Kräutern wie Thymian, Salbei oder Bohnenkraut einzelne Blättchen geerntet werden. Werden ganze Triebe verwendet, ist der richtige Erntezeitpunkt normalerweise kurz vor der Blüte, idealerweise am späteren Vormittag, wenn der Morgentau gut abgetrocknet ist.

Die meisten Kräuter sind sehr anspruchslos und gedeihen in fast jedem Gartenboden. Wir pflanzen sie in der Regel ab Mitte Mai aus, wenn keine Fröste mehr zu erwarten sind. Die Pflege während des Sommers beschränkt sich auf das Jäten und Lockern des Bodens. Kräuter lassen sich auch sehr gut in Schalen, Kübeln und Balkonkisten ziehen. Basilikum und Rosmarin sind in raueren Lagen dankbar für einen wettergeschützten Platz.

Man unterscheidet zwischen einjährigen und mehrjährigen Kräutern.

Einjährige Kräuter

Basilikum
Verwendung: Blätter frisch oder gehackt in Öl eingelegt. In Salaten, zu Tomaten, Auberginen, Paprika, Fisch, Fleisch und Nudelgerichten, in Kräutersaucen, Kräuterbutter und Pestosauce. Wirkt appetitanregend und verdauungsfördernd, mildert Blähungen.
> Blüten: Weiß.
> Blütezeit: Juli bis September.
> Wuchs: 30 bis 40 cm, großblättrig.
> Standort: Sonnig, warm, nährstoffreich. Da sehr kälteempfindlich, erst Mitte Mai ins Freiland setzen.
> Tipp: Da Basilikum bei Schnecken äußerst beliebt ist, am besten in Töpfe setzen und für Schnecken unerreichbar platzieren.

Dill
Verwendung: Blätter und Blütenstände frisch und getrocknet in Salaten und Saucen, zu Gurken, Kartoffelsalat, Eierspeisen, Lamm, Fisch und zum Einmachen von Essiggurken. Wirkt appetitanregend und verdauungsfördernd, mildert Blähungen.
> Blüten: Große gelbe Dolden.
> Blütezeit: August bis September.
> Wuchs: 30 bis 60 cm. Die ganze Pflanze duftet aromatisch.
> Standort: Sonnig, warm, windgeschützt.

Kamille
Verwendung: Blütenköpfe kurz nach dem Aufblühen ernten; frisch und getrocknet verwendbar. Wirkt entzündungshemmend und krampflösend sowie bei Hautunreinheiten und Nervosität.
> Blüten: Weiß.
> Blütezeit: Mai bis Juli.
> Wuchs: 40 bis 50 cm.
> Standort: Sonnig.

Koriander
Verwendung: Frische Blätter und Samen werden vor allem in der asiatischen Küche geschätzt. Das Laub hat einen scharf-bitteren, anisartigen Geschmack. Die Samen lassen sich in Kohlgerichten, zu Hülsenfrüchten, Kürbis, in Kompott, Marinaden und Weihnachtsgebäck verwenden.
> Blüten: Weiß bis rosa.
> Blütezeit: Mai bis Juni.
> Wuchs: 60 cm.
> Standort: Sonnig.

Majoran
Verwendung: Blätter, frisch oder getrocknet, zu Hülsenfrüchten, Kartoffeln, in Minestrone, zu Hackfleisch, Braten, Wurst, Geflügel, Tomaten, Zucchini, Pizza und Pilzen. Wirkt verdauungsfördernd, löst Darmkrämpfe.
> Blüten: Lila bis rosa.
> Blütezeit: Juli bis Oktober.
> Wuchs: 30 cm. Das Laub duftet aromatisch.
> Standort: Sonnig, warm.

Petersilie
Verwendung: Blätter frisch und getrocknet. Verstärkt das Aroma anderer Lebensmittel. Sehr vielseitig einsetzbar in Suppen, zu Fisch, Kartoffeln, Gemüse, Salat, in Mayonnaise, Omelettes und Eintöpfen.
> Wuchs: 30 cm. Das Laub duftet aromatisch.
> Standort: Sonnig.

Süßkraut (Stevia)
Verwendung: Blätter, frisch oder getrocknet, als Süßmittel für Tee, Kuchen und Desserts.
> Blüten: Weiß.
> Blütezeit: Juni bis Juli.
> Wuchs: 50 bis 100 cm. Das Laub besitzt ein starkes, süßes Aroma.
> Standort: Sonnig, warm.

Schnittsellerie

<u>Verwendung</u>: Blätter frisch oder getrocknet in Suppen, Saucen, zu Gemüse und Fleischgerichten.

<u>Blüten</u>: Gelb-weißlich.
<u>Blütezeit</u>: Juni bis September.
<u>Wuchs</u>: 40 bis 80 cm. Das Laub besitzt ein feines Selleriearoma.
<u>Standort</u>: Sonnig, feucht. In milden Gegenden winterhart.

Mehrjährige Kräuter

Baldrian

<u>Verwendung</u>: Die Wurzel frisch oder getrocknet in Suppen und zu Fisch. Wirkt beruhigend, auch gut bei Schlafstörungen.

<u>Blüten</u>: Hellrosa, süß duftend.
<u>Blütezeit</u>: Juni bis August.
<u>Wuchs</u>: 150 cm.
<u>Standort</u>: Sonnig.

Bärlauch

<u>Verwendung</u>: Frische junge Blätter in Salat, Quark, Nudelgerichten, Eierspeisen und als Knoblauchersatz.

<u>Blüten</u>: Weiß.
<u>Blütezeit</u>: Mai.
<u>Wuchs</u>: 25 cm. Das Laub weist ein deutliches Knoblaucharoma auf.
<u>Standort</u>: Sonnig bis halbschattig. Im Sommer zieht die Pflanze ein. Ideal unter Laubgehölzen.

Bergbohnenkraut, Winter-

<u>Verwendung</u>: Blätter frisch oder getrocknet zu Fisch, Hülsenfrüchten, in Kartoffelsuppe, zu Lamm, Rind, Schwein, Wild, Wurst, Gemüseeintöpfen, Pilzen, Sauerkraut, Zucchini, eingemachtem Gemüse, in Salat, Kräuterbutter, Kräutersaucen und als Bestandteil der »Herbes de Provence«. Wirkt magenstärkend.

<u>Blüten</u>: Lila-rosa.
<u>Blütezeit</u>: August bis Oktober.
<u>Wuchs</u>: 40 cm, wintergrüner Halbstrauch.
<u>Standort</u>: Sonnig, warm.

Currykraut

<u>Verwendung</u>: Blätter und junge Triebe frisch und getrocknet in Suppen, Schmorgerichten und zu gegrilltem Fleisch.

<u>Blüten</u>: Gelb.
<u>Blütezeit</u>: Juli bis September.
<u>Wuchs</u>: 30 cm.
<u>Standort</u>: Sonnig, geschützt, in rauen Lagen Winterschutz anbringen.

Estragon

<u>Verwendung</u>: Blätter frisch oder getrocknet oder ganze Zweige zum Aromatisieren von Essig. Zu Geflügel, Kalbs- und Lammbraten, Wild, Fisch, Spargel, Tomaten, in Eierspeisen, Kräutersaucen, Kräuterbutter, Essig, Senf und zu Gurken. Wirkt appetitanregend, verdauungsfördernd und magenstärkend.

<u>Blüten</u>: Gelblich-weiß.
<u>Blütezeit</u>: Juli bis September.
<u>Wuchs</u>: 100 cm.
<u>Standort</u>: Sonnig.

Gewürzfenchel

Verwendung: Blätter frisch oder getrocknet in Currygerichten und zu Huhn; die Samen als Tee. Hilft bei Verdauungsstörungen, Blähungen und Husten.

Blüten: Gelbe Dolden.

Blütezeit: Juli bis August.

Wuchs: 150 cm. Die Samen haben einen anisartigen Geschmack.

Standort: Sonnig.

Gewürzlorbeer

Verwendung: Blätter frisch oder getrocknet zu Fisch, Fleisch, Geflügel, in Tomaten- und Gemüsesuppe, zu Auberginen, Hülsenfrüchten, Kartoffeln, Roter Bete (Randen), Sauerkraut, Marinaden, zu eingelegten Gurken und indischen Gerichten.

Blüten: Hellgelb.

Blütezeit: März.

Wuchs: Immergrüner Strauch.

Standort: Sonnig, geschützt. Nicht winterhart; hell bei 0 bis 15 Grad Celsius überwintern.

Goldmelisse

Verwendung: Blätter und Blüten frisch oder getrocknet, in Salaten, Desserts oder als Tee. Wirkt beruhigend.

Blüten: Rot.

Blütezeit: Juli bis September.

Wuchs: 100 cm. Das Laub duftet aromatisch.

Johanniskraut

Verwendung: Johannisöl aus den Blüten als Wundheilmittel, bei Verbrennungen und Verdauungsbeschwerden. Das Kraut samt Blüten frisch oder getrocknet als Tee bei Schlafstörungen.

Blüten: Gelb.

Blütezeit: Mai bis August.

Wuchs: 100 cm.

Standort: Sonnig.

Kümmel

Verwendung: Junge frische Blätter sowie die Samen zu Hülsenfrüchten, Gulasch, Kartoffeln, Lamm, Schwein, Gurke, Rote Bete (Randen), Sauerkraut, Kohl, Pilzen, in Käsegerichten, Quark und Zwiebelkuchen.

Blüten: Weiß.

Blütezeit: Juni bis Juli.

Wuchs: 60 cm.

Standort: Sonnig.

Lavendel

Verwendung: Blätter frisch oder getrocknet in Kräuterbutter, Fischsuppe, Salat, zu Lamm und Gemüse. Blüten getrocknet in Duftbeuteln und für Lavendelöl.

Blüten: Lila-blau.

Blütezeit: Juni bis August.

Wuchs: 40 cm. Immergrüner, stark duftender Halbstrauch.

Standort: Sonnig, trocken.

Liebstöckel, Maggikraut

Verwendung: Blätter frisch oder getrocknet in Gemüsesuppen, zu Hülsenfrüchten, Kartoffeln, Fisch, Geflügel, Leber, Ragout, Reis, in Salat, Kräuterquark und Kräutersaucen. Samen frisch oder getrocknet zu Käsebrot oder zu Salat. Wirkt verdauungsfördernd, mildert Blähungen.

Blüten: Hellgelb.

Blütezeit: Juli bis August.

Wuchs: 120 bis 150 cm. Das Laub duftet stark nach Maggiwürze.

Standort: Sonnig bis halbschattig.

Meerrettich

<u>Verwendung</u>: Wurzeln frisch oder getrocknet zu Kartoffelsuppe, als Sauce unter Crème fraiche gerührt zu Rindfleisch- und Fischgerichten, in Quark und zu eingelegten Gurken. Wirkt entzündungshemmend, mildert Hustenreiz.

<u>Blüten</u>: Weiß.
<u>Blütezeit</u>: Mai bis Juli.
<u>Wuchs</u>: 150 cm.
<u>Standort</u>: Sonnig. Braucht genügend Platz; treibt aus einzelnen Wurzelstöcken wieder aus.

Minze

<u>Verwendung</u>: Blätter frisch oder getrocknet in Erbsensuppe oder Gazpacho, zu Hackfleisch, Lamm, Bohnen, Karotten, Tomaten, in Salat, Fruchtsaft, Tee, Salatsaucen; beliebt in der indischen sowie englischen Küche. Wirkt bei Blähungen und Magenverstimmungen.

<u>Blüten</u>: Rosa-lila.
<u>Blütezeit</u>: Juli bis August.
<u>Wuchs</u>: 70 cm. Das Laub hat einen intensiv minzeartigen Duft.
<u>Standort</u>: Sonnig bis halbschattig.

Oregano, Dost

<u>Verwendung</u>: Blätter frisch oder getrocknet in Würzöl, zu Fisch, Hülsenfrüchten, Kartoffeln, Tomaten, Minestrone, Hackfleisch, Lamm, Rinderbraten, Auberginen, Mais, Pilzen, Paprika und Zucchini.

<u>Blüten</u>: Lila-rosa. Gute Bienenpflanze.
<u>Blütezeit</u>: Juli bis Oktober.
<u>Wuchs</u>: 30 cm. Das Laub duftet aromatisch.
<u>Standort</u>: Sonnig.

Rosmarin

<u>Verwendung</u>: Blätter frisch oder getrocknet zum Aromatisieren von Öl oder Essig. Zu Gemüse, Pilzen, in Zwiebelsuppe, Gulasch, Minestrone, zu Hackfleisch, Geflügel, Lamm, Braten, Fisch und Hülsenfrüchten, in Salat und Kräutersaucen. Wirkt magenstärkend.

<u>Blüten</u>: Lila-blau.
<u>Blütezeit</u>: Mai.
<u>Wuchs</u>: Bis 100 cm. Das immergrüne Laub duftet aromatisch.
<u>Standort</u>: Sonnig, warm. Nur an sehr geschützter Lage winterhart.

Rucola, Salatrauke

<u>Verwendung</u>: Blätter frisch als Salat oder Salatbeigabe, zu Tomaten, in Saucen, Quark und Teigwaren.

<u>Blüten</u>: Gelb.
<u>Blütezeit</u>: Juli bis August.
<u>Wuchs</u>: 30 bis 40 cm. Das Laub hat einen scharfen, nussigen Geschmack.
<u>Standort</u>: Sonnig.

Salbei

<u>Verwendung</u>: Blätter und Blüten frisch und getrocknet. Zu Fisch, Geflügel, Kalbfleisch, Wild, Lamm, in Minestrone, Wurstwaren, Auberginen, Kartoffeln, Tomaten und Teigwaren. Wirkt bei Blähungen und Halsschmerzen.

<u>Blüten</u>: Lila-blau. Gute Bienenpflanze.
<u>Blütezeit</u>: Juli bis August.
<u>Wuchs</u>: 40 cm. Wintergrüner Halbstrauch mit graugrünem Laub.
<u>Standort</u>: Sonnig, warm.

Schnittlauch

<u>Verwendung</u>: Frische Blätter und Blüten. In Eierspeisen, Omeletts, Salat, Saucen, zu Rohkost, Gemüse und Kartoffelgerichten. Wirkt appetitanregend und verdauungsfördernd.

Blüten: Violette Blütenkugeln.
Blütezeit: Juni bis Juli.
Wuchs: 30 cm.
Standort: Sonnig bis halbschattig.

Thymian
Verwendung: Blätter frisch oder getrocknet zum Aromatisieren von Essig oder Öl, zu Gemüse, Geflügel, Lamm, Rind, Hackfleisch, Wild, Tomaten, Auberginen, Kartoffeln, Paprika, Pilzen, Rohkost, Hülsenfrüchten und Eiern. Wirkt bei Husten, krampf- und schleimlösend.
Blüten: Rosa-lila. Gute Bienenpflanze.
Blütezeit: Juni bis Juli.
Wuchs: 30 bis 40 cm. Wintergrüner Halbstrauch.
Standort: Sonnig, eher trocken.

Wermut
Verwendung: Blätter, frisch und getrocknet, nur in kleinen Mengen (sehr bitter) als Tee bei Magenproblemen. Bestandteil des legendären Absinthe. Wirkt appetitanregend, verdauungsfördernd.
Blüten: Gelb.
Blütezeit: August bis September.
Wuchs: 100 cm.
Standort: Sonnig.

Ysop
Verwendung: Blätter und Blüten frisch oder getrocknet. Zu Kräuter- und Gemüsesuppen, Kalbsbraten, Wild, Kaninchen, Kartoffeln, Bohnen, in Tomaten- und Gurkensalat, Kräuterquark und Kräuterbowlen. Wirkt verdauungsfördernd.
Blüten: Blau-violett. Gute Bienenpflanze.
Blütezeit: Juni bis Juli.
Wuchs: 40 cm, wintergrün.

Zitronenmelisse
Verwendung: Blätter frisch oder getrocknet in Gemüse- und Kräutersuppen, zu Geflügel, Kalb, Wild, Karotten, Pilzen, Paprika, Zucchini, in Salat, Fruchtsalat, süßen Cremes, Kräuterbutter, Quark, Saucen und Mayonnaise. Zum Aromatisieren von Likören. Wirkt beruhigend, entzündungshemmend.
Blüten: Gelblich-weiß.
Blütezeit: Juni bis August.
Wuchs: 70 cm. Das Laub besitzt ein zitroniges Aroma.
Standort: Sonnig bis halbschattig.

Zitronenverbene
Auch Zitronenstrauch genannt (nicht zu verwechseln mit dem Echten Eisenkraut, Verbena officinalis).
Verwendung: Blätter frisch oder getrocknet als Tee, zu Fisch, Geflügel, Salat und Desserts. Wirkt beruhigend.
Blüten: Lila.
Blütezeit: Juli bis September.
Standort: Sonnig. Nicht winterhart; bei 0 bis 15 Grad Celsius überwintern.

OBST UND BEEREN

Beeren sind reich an Vitaminen, Mineralstoffen und Spurenelementen. Aus dem eigenen Garten schmecken Beeren süßer und aromatischer, weil sie an der Pflanze vollständig ausreifen können und frisch geerntet werden.

Brombeeren

Fast keine andere Beerenart ergibt bei so bescheidenen Ansprüchen und geringem Pflegeaufwand so große Erträge wie die Brombeere. Brombeeren sind Halbsträucher, die im zweiten Jahr Früchte tragen.

Boden: Brombeeren bevorzugen tiefgründige, humose, mittelschwere Böden. Sie reagieren relativ empfindlich auf starke Winterfröste sowie Spätfröste im Frühling.

Pflege des Bodens: Zur Gesunderhaltung des Bodens säen wir zwischen den Reihen eine Gründüngung (Bienenweide) oder bringen eine Mulchmischung aus Gras und Stroh aus.

Düngung: Im Herbst erhalten sie verrotteten Mist oder Reifekompost; im Frühling einen biologischen Beeren-Volldünger.

Anbau: Die beste Pflanzzeit ist im Frühjahr, eingetopfte Jungpflanzen können jedoch über die ganze Vegetationsperiode ins Freiland gebracht werden. Der Reihenabstand beträgt 2½ bis 3 m, der Abstand in der Reihe je nach Sorte 2 bis 5 m.

Schnitt: Wie bei den sommertragenden Himbeeren zeigen sich auch bei den Brombeeren während des Sommers Ruten zweier Generationen: zum einen Tragruten, an denen die Blüten- und Fruchtentwicklung stattfindet, zum anderen heranwachsende Jungruten, die im nächsten Jahr Tragruten werden. Während die Tragruten bereits am Stützgerüst festgebunden sind, müssen Jungruten laufend aufgebunden werden. Insgesamt ziehen wir vier bis sechs Jungruten, die im folgenden Jahr Früchte tragen werden.

Erdbeeren

Die Erdbeere ist eine der beliebtesten Beerenarten; sie gedeiht bei guten Bedingungen bis in Höhenlagen von 1200 bis 1400 Metern.

Boden: Mittelschwere, nährstoffreiche, humose Lehmböden mit einem pH-Wert um 6,5 sagen Erdbeeren besonders zu.

Fruchtfolge: Als günstige Vorkultur eignen sich frühe Kartoffeln oder eine Gründüngung. Ungünstig ist Naturwiesenumbruch.

Anbau: Erdbeeren dürfen nicht zu tief gepflanzt werden. Eine Mischkultur mit Winterlauch, Winterzwiebeln oder Knoblauch hat sich bei uns sehr gut bewährt. Für einen reichen Ertrag im folgenden Jahr müssen die Erdbeer-Jungpflanzen bis Mitte August gesetzt sein, damit sie sich noch gut entwickeln können.

Düngung: Erdbeeren sind nährstoffbedürftig. Wir verabreichen eine gute Kompostgabe bei der Pflanzung und mulchen die Erdbeeren nach dem Pflanzen. Im folgenden Frühjahr geben wir ihnen einen biologischen Beerendünger als Starthilfe.

Pflege: Im Frühjahr werden die Erdbeeren mit Stroh, Rindenspänen oder Holzwolle unterlegt, damit sie bei Berührung mit dem Erdreich nicht faulen. Während der Vegetationszeit brauchen sie genügend Wasser. Bei trockener Witterung idealerweise am frühen Morgen wässern, damit die Pflanzen tagsüber abtrocknen können. Nach der Ernte schneiden wir das alte Laub auf etwa 5 cm zurück, entfernen das Stroh, jäten das Unkraut weg, lockern den Boden und geben eine leichte Kompostgabe.

Heidelbeeren

Kulturheidelbeeren sind sehr ertragreich. Sie bilden höhere Sträucher als die heimischen wildwachsenden Heidelbeeren, auch die Beeren sind bis zu sechs Mal größer und milder im Geschmack als die der einheimischen Sorten.

Boden: Kulturheidelbeeren verlangen einen sauren Boden mit einem pH-Wert von 4 bis 5. Sie können auch gut in Fässern und Containern auf dem Balkon angepflanzt werden.

Düngung: Im Frühling geben wir einen Beeren-Volldünger und decken die Erde mit Rindenkompost ab.

Pflege: Vor Vogelfraß mit Netzen schützen.

Schnitt: In den ersten drei Jahre nach der Pflanzung werden die Heidelbeersträucher kaum geschnitten. Nur verletzte und dürre Zweige werden entfernt. Später entwickeln sich die schönsten Früchte am neuen Holz, und die ältesten Triebe werden jährlich entfernt.

Ertrag: Heidelbeeren bleiben bei guter Pflege 25 bis 30 Jahre im Vollertrag.

Himbeeren

Man unterscheidet sommertragende und herbsttragende Sorten.

Boden: Himbeeren verlangen einen frischen, humus- und nährstoffreichen Boden. Am besten gedeihen sie in neutraler bis leicht saurer Erde (pH-Wert 6 bis 6,5); zu kalkhaltige Erde ist ungeeignet. Der Boden muss tief gelockert und von allem Unkraut befreit werden. Schwere Böden verbessern wir mit Stroh und Kompost. Himbeeren sollten nie erneut an derselben Stelle angebaut werden; es sollte immer eine Fruchtfolge eingehalten werden.

Düngung: Im Herbst wird der Boden mit Kompost oder gut verrottetem Mist abgedeckt. Im Frühjahr streuen wir biologischen Beeren-Volldünger und decken rund um die Ruten mit Stroh ab.

Anbau: Wir ziehen Himbeer-Jungpflanzen in Töpfen und pflanzen sie dann mit einem Abstand von 50 cm in der Reihe und einem Reihenabstand von etwa 2 m. Dies geschieht bei uns seit Jahren auf Dämmen: Dazu wird auf gut gelockertem Boden mit einem Gemisch aus Kompost, Stroh, Gartenrückständen, Beinwell und Brennnesseln ein 30 bis 50 cm hoher und rund 80 cm breiter Damm errichtet. Auf diesen Damm werden die Himbeeren gepflanzt. Die Wurzeln haben so genügend Luft und können auch bei starken Niederschlägen schnell abtrocknen, wodurch keine Staunässe und dadurch verursachte Krankheiten entstehen.

Nach dem Pflanzen werden sie gut angegossen und mit einer dünnen Mulchschicht aus angewelktem Gras oder strohiger Stalleinstreu abgedeckt. Dies unterdrückt Unkraut und gleicht den Wasserhaushalt aus.

Eine Himbeeranlage kann bei guter Pflege 10 bis 15 Jahre genutzt werden.

Pflege: Die sich bildenden langen Ruten müssen an einem Stützgerüst festgebunden werden. Himbeeren wurzeln sehr flach; daher ist während des Größenwachstums der Früchte der Wasserbedarf besonders hoch. Bei Trockenheit muss besonders bei Dammkulturen regelmäßig gegossen werden.

Schnitt: *Sommertragende Himbeeren* bilden Früchte an den Ruten, die im Vorjahr gewachsen sind. Ab dem Frühling lassen wir etwa zehn der stärksten Jungtriebe pro laufendem Meter wachsen, die restlichen werden abgeschnitten. Nach der Ernte werden die alten Tragruten bodeneben abgeschnitten, um eine Infektion der jungen Ruten mit Krankheiten zu verhindern.

Herbsttragende Himbeeren fruchten am einjährigen Trieb. Im Frühjahr lässt man daher alle Triebe wachsen. Normalerweise werden sie etwa 150 cm lang. Im Spätherbst werden alle Triebe bodeneben abgeschnitten. Herbsttragende Sorten reifen von August bis November.

Johannisbeeren

Johannisbeeren sind gesund, vielseitig verwendbar und liefern über Jahre hohe Erträge. Man unterscheidet Rote, Weiße und Schwarze Johannisbeeren. Rote und weiße Sorten eignen sich zur sofortigen Verwendung, Schwarze Johannisbeeren (auch Cassis genannt) werden insbesondere zur Saftgewinnung und zur Likörherstellung kultiviert.

Boden: Gut geeignet sind mittelschwere, durchlässige Böden. Schwarze Johannisbeeren brauchen einen eher leichteren Boden. Johannisbeeren haben eine lange Lebensdauer. Einige unserer Stöcke sind gut 40 Jahre alt.

Düngung: Im Herbst geben wir Mist und Kompost um die Pflanze. Im Frühjahr verabreichen wir biologischen Beeren-Volldünger. Wir mulchen unsere Johannisbeersträucher mit Stroh oder Holzhäcksel. Hin und wieder säen wir auch eine Gründüngung unter die Sträucher.

Anbau: Johannisbeeren pflanzen wir vorzugsweise im Herbst, da sie früh im Frühjahr austreiben. Für eine gute spätere Entwicklung ziehen wir die Jungpflanzen aus fünf bis acht Trieben und schneiden alle überschüssigen Neutriebe im Frühjahr bodeneben ab.

Schnitt: Wir ziehen Johannisbeeren praktisch ausschließlich in Buschform. Ein ausgewachsener Strauch sollte maximal 10 bis 15 Haupttriebe haben. Wir schneiden die alten Triebe regelmäßig im Frühjahr über dem Wurzelstock ab und ziehen neue Jungtriebe nach.

Kiwi

Die Kiwi hat in den letzten Jahren bei uns große Beliebtheit erlangt. Sie kann problemlos 30 bis 40 Jahre alt werden.

Boden: Kiwi gedeihen gut in mittelschweren, gut durchlässigen Böden.

Anbau: Kiwi brauchen ein Gerüst und eignen sich sehr gut zum Beranken von Pergolen. Der Pflanzabstand beträgt etwa 3 m. Weil Kiwis vor allem in den ersten Jahren frostempfindlich sind, werden sie idealerweise im Frühling gesetzt.

Düngung: Kiwi lieben eine regelmäßige, ausgeglichene Wasserzufuhr. Im Frühling geben wir ihnen einen Beeren-Volldünger.

Pflege im Winter: Im Winter benötigt der Fuß der Pflanze einen Schutz. Dazu wird der Stamm mit Vlies abgedeckt.

Stachelbeeren

Die Kultur der Stachelbeere gleicht der von Johannisbeeren. Aufgrund ihres besonderen, frisch säuerlichen Geschmacks finden Stachelbeeren in der Küche vor allem für Kuchen, Desserts und Kompott Verwendung.

Boden: Besonders gut eignen sich mittelschwere, durchlässige Böden.

Düngung: Die Düngung wird wie bei Johannisbeeren vorgenommen (siehe oben).

Pflanzung: Stachelbeeren werden im Herbst gepflanzt.

Schnitt: Wir wählen 6 bis 8 starke Leitäste aus und schneiden nur die nach innen wachsenden Triebe ab. Die Leitäste werden alljährlich im Frühjahr erneuert, indem alle alten Triebe über dem Wurzelstock abgeschnitten und neue Jungtriebe nachgezogen werden.

Ernte: Die Erntezeit ist hauptsächlich im Juni. Für Konfitüren und Gelees dürfen die Früchte auch etwas länger am Strauch hängen bleiben.

Rhabarber

Rhabarber gehört zwar botanisch streng genommen zum Gemüse, wird aber meist wie Obst für Kuchen, Kompott und Süßspeisen verwendet. Er hat eine durstlöschende und verdauungsanregende Wirkung.

Boden: Rhabarber verlangt einen gut gedüngten, mittelschweren, tiefgründigen Boden. Vor dem Pflanzen wird Mist eingearbeitet und der Boden gut vorbereitet.

Düngung: Wenn Mist eingearbeitet wurde, ist eine Düngung im Pflanzjahr nicht nötig. Ab dem zweiten Jahr geben wir im Frühjahr einen Beeren-Volldünger. Im Herbst decken wir den Boden mit Mist- oder Mulchkompost ab.

Anbau: Der Abstand in der Reihe sollte etwa 1 m betragen, zwischen den Reihen 1,20 m. Wir pflanzen praktisch ausschließlich in Kübeln vorgezogene Jungpflanzen oder verjüngen die Pflanzen mittels Wurzelteilung.

Ernte: Im ersten Jahr nach der Pflanzung wird noch nicht geerntet, damit die Pflanze erstarken kann. In den Folgejahren wird nur bis zum längsten Tag des Jahres, dem 21. Juni geerntet, da die Stiele danach zu viel Oxalsäure enthalten.

BEHANDLUNGSMETHODEN GEGEN SCHÄDLINGE UND KRANKHEITEN

SAUGENDE SCHÄDLINGE

Dazu zählen Blattläuse, Schildläuse, Wollläuse, Spinnmilben, Thrips, Weiße Fliegen.

Läuse

Läuse findet man vor allem an jungen Blättern, Schild- und Schmierläuse an Blättern und Stämmen von Zier- und Nutzpflanzen. Sie überwintern an Zweigen und Blättern im Freiland und an Balkon- und Kübelpflanzen im Winterquartier.

Vorbeugen: Die Pflanzen sollen nie trocken stehen. Befallene Pflanzen wenn möglich mit kaltem Wasser abduschen oder abspritzen. Holzasche oder Steinmehl auf das taunasse Laub der Pflanze stäuben. Natürliche Feinde (Florfliege, Ohrwurm, Marienkäfer) ansiedeln und ihre Wirkung tun lassen.

Direkte Abwehr: Von Hand abstreifen, mit Schmierseifenwasser abspritzen.

Spinnmilben

Spinnmilben können bei trockenem und warmem Klima Zier- und Nutzpflanzen befallen. Das Schadbild zeigt sich als gelblich fein gesprenkelte Blätter mit weißen Flecken. Bei starkem Befall sind auf der Blattunterseite feine Spinngewebe erkennbar.

Vorbeugen: Pflanzen öfter abbrausen, trockene Luft vermeiden.

Direkte Abwehr: Die Blätter mit Pflanzenseife gut abspritzen; dies wöchentlich wiederholen.

Thrips

Diese kleinen fliegenden Insekten saugen an Zier- und Nutzpflanzen. Die Schadstellen zeigen sich als gelblich-silbrig glänzende Flecken auf den Blättern; sie sind größer als bei einem Befall mit Spinnmilben. Auf der Blattunterseite sind schwarze Kotflecken von Auge sichtbar.

Vorbeugen: Die Pflanzen möglichst luftig halten. Gladiolenzwiebeln vor dem Pflanzen 15 Minuten in Schmierseifenlösung einlegen.

Weiße Fliegen

Weiße Fliegen sehen aus wie kleine (ca. 2 mm große) weiße Schmetterlinge. Durch die Exkremente der Larven bildet sich auf den Blättern ein Rußstau-Pilz.

Direkte Abwehr: In geschlossenen Kulturräumen (z. B. Glashaus) Schlupfwespen aussetzen. Mit Pflanzenseife mehrmals gründlich abspritzen.

FRESSENDE SCHÄDLINGE

Dazu zählen Käfer, Raupen und Larven, etwa: Bohnenfliege, Drehherzmücke, Erbsenblattrandkäfer, Himbeerkäfer, Kartoffelkäfer, Kohlerdfloh, Kohltriebrüssler, Lauchmotte, Spargelfliege, Spargelkäfer, Zwiebelminierfliege.

Käfer

Diese gefräßigen Schädlinge schädigen Kulturpflanzen wie Erbsen, Kartoffeln, Spargeln, Lilien, Himbeeren, Rhododendren und andere mehr.

Direkte Abwehr: Bei starkem Befall die Käfer am Abend vor dem Eindunkeln (viele sind nachtaktiv) einsammeln oder ein biologisches Präparat spritzen.

Raupen

Im Hausgarten am häufigsten sind die Raupen von Kohleule, Kohlweißling, Lauchmotte und Himbeerkäfer. Sie können große Schäden verursachen oder Früchte wie Himbeeren ungenießbar machen.

Vorbeugen: Gefährdete Kulturen mit Pflanzenauszügen behandeln, um sie zu stärken (siehe Seite 214). Von Mai bis August mit Insektenschutznetzen abdecken. Raupen am Abend vor dem Eindunkeln ablesen und vernichten.

Bohnenfliege

Die Made frisst die Keimblätter und Stängel der keimenden Bohnen.

<u>Vorbeugen</u>: Eine regelmäßige Fruchtfolge einhalten und an luftiger Lage pflanzen. Die Aussaat sollte bei schönem Wetter und in einen gut angewärmten Boden erfolgen, damit die Pflanzen möglichst schnell aufkeimen.

<u>Direkte Abwehr</u>: Beim Einhalten der genannten Kulturmaßnahmen und der Fruchtfolge ist keine Bekämpfung nötig.

Drehherzmücke

Sie kommt bei Kohlgewächsen vor. Die Maden der hellbraunen kleinen Mücke können die Herzblätter so stark aussaugen, dass sich diese verdrehen und absterben.

<u>Vorbeugen</u>: Eine Fruchtfolge einhalten. Bei der Gefahr eines Befalls ab Mitte Mai bis zur Fruchtbildung die Kulturen mit einem Insektenschutznetz abdecken.

Kohlerdfloh

Dieser kleine schwarze oder schwarz-gelb gestreifte springende Käfer schädigt durch seinen Fraß die Blätter von Kohlgewächsen.

<u>Vorbeugen</u>: Kohl in Mischkulturen anbauen. Der Boden sollte immer bedeckt sein. Nur Jungpflanzen werden geschädigt.

Lauchmotte

Diese gelb-schwarz gepunktete Raupe befällt vor allem Lauch, Zwiebeln und Schnittlauch. Sie frisst zuerst an den Blättern, die Blattspitzen welken und verdorren. Später frisst sich die Raupe in das Herz der Pflanze vor.

<u>Vorbeugen</u>: Die Pflanzen regelmäßig kontrollieren. Lauch in Mischkultur mit Sellerie anpflanzen. In der Flugzeit der Motte von Mai bis August mit Insektenschutznetz abdecken.

BODENSCHÄDLINGE

Zu den an den Wurzeln fressenden Schädlingen zählen etwa: Erdraupen, Erdschnakenlarven, Dickmaulrüssler, Engerlinge, Maulwurfsgrillen (Werren), Asseln, Wurzelläuse an Kopfsalat und Zichoriengewächsen.

Erdraupen, Drahtwürmer

Sie fressen mit Vorliebe an den Wurzeln von Salatpflanzen, Drahtwürmer auch an Knollen im Boden.

<u>Vorbeugen</u>: Regelmäßige Fruchtfolge einhalten und Anbau in Mischkultur.

<u>Direkte Abwehr</u>: Bei geschädigten Pflanzen die Erde im Wurzelbereich auf Raupen untersuchen, die Raupen einsammeln und vernichten. Bei Drahtwürmern kann man auch geschnittene Kartoffeln auf den Boden legen oder häufchenweise Gerstensamen leicht in die Erde eingraben. Beides zieht Drahtwürmer an, die dann eingesammelt werden können.

Dickmaulrüssler

Der schwarze Rüsselkäfer frisst vor allem an Blättern. Die weißen, Engerlingen ähnlichen, aber kleineren Larven des Käfers befallen von Sommer bis Herbst vorzugsweise die Wurzeln von Geranien, Primeln, Moorbeetpflanzen, Cyclamen u. a.

<u>Vorbeugen</u>: Die Ansiedlung von Nützlingen wie Spitzmaus, Vögeln, Maulwurf und Laufkäfern fördern. Gefährdete Pflanzen kontrollieren und nach Larven absuchen.

<u>Direkte Abwehr</u>: Ungiftige Nematoden-Präparate im Wurzelbereich ausbringen.

Maulwurfsgrillen (Werren)
Das bis zu 5 cm große braune Insekt besitzt vorne zwei breite als Grabschaufeln dienende Füße. Mit diesen legt es fingerdicke Gänge dicht unter der Bodenoberfläche an. Neben kleineren Insekten frisst das Tier besonders im Frühjahr und Vorsommer die Wurzeln von aufgekeimten Saaten und gepflanzten Setzlingen.

Direkte Abwehr: Bei den Erdgängen große Joghurtbecher bodeneben eingraben. Auf diese Weise kann das nachtaktive Tier recht gut eingefangen und entsorgt werden.

Wurzelläuse
Sie bevorzugen vor allem ertragsmüde Böden (schlechte Fruchtfolge) und saugen an den Wurzeln von Salaten und Zichoriengewächsen.

Vorbeugen: Regelmäßige Fruchtfolge einhalten. Resistente Sorten wählen. Die Gründüngung in die Fruchtfolge mit einbeziehen.

ZUFLIEGENDE SCHÄDLINGE, DEREN LARVEN AN SPROSS UND WURZELN FRESSEN

Zu diesen Schädlingen zählen etwa: Zwiebelfliege, Kohlgallenrüssler, Kohlfliege, Karotten- und Rettichfliege.

Zwiebelfliege
Die Made der Zwiebelfliege frisst im Herzen der Pflanze. Die dadurch geschädigten Pflanzenteile werden weich und beginnen zu faulen.

Vorbeugen: Monokulturen vermeiden; in Mischkultur mit Karotten pflanzen. Die Kulturen zum Schutz mit Netzen überdecken.

Direkte Abwehr: Beim Einhalten der genannten Kulturbedingungen meist nicht nötig.

Kohlgallenrüssler
An den Stängeln und Wurzeln von Kohlgewächsen treten Gallen (runde Verdickungen) auf, in denen in einer Höhlung 2 bis 3 mm große beinlose Larven gefunden werden können.

Vorbeugen: Die Fruchtfolge unbedingt einhalten. Junge Kohlsetzlinge tief einpflanzen. Bei befallenen Setzlingen bereits gebildete Gallen entfernen und die Larven vernichten.

Kohlfliege
Der häufigste Schaden, den die Maden anrichten, sind Fraßgänge und dadurch verursachte Fäulnis an Strunk und Wurzeln.

Vorbeugen: Die Fruchtfolge einhalten und in Mischkulturen anbauen. Zwischen die Setzlinge Holzasche streuen. Zwischenpflanzungen und Kulturschutznetze helfen, den Befall zu reduzieren.

Direkte Abwehr: Beim Einhalten der genannten Kulturmaßnahmen erübrigt sich eine direkte Bekämpfung.

Karotten-/Möhrenfliege
Die Larven der Karottenfliege fressen zuerst an den Seitenwurzeln, später an den Hauptwurzeln. Die Gänge sind rostbraun gefärbt und mit Kot gefüllt, was bei den befallenen Karotten zu einem Modergeruch führt.

Vorbeugen: Karotten möglichst in Mischkultur anbauen und die Fruchtfolge einhalten. Junge Pflanzen nach dem Ausdünnen anhäufeln; mit Kulturschutznetzen überdecken.

Direkte Abwehr: Werden die genannten Kulturmaßnahmen befolgt, ist keine direkte Behandlung nötig.

Schnecken

Schnecken bevorzugen junge, zarte Pflanzen und brauchen viel Feuchtigkeit. Auch die Eier legen sie an Orten ab, wo diese vor dem Austrocknen geschützt sind.

Vorbeugen: Einen Schneckenzaun errichten oder mit Rindenschnitzeln, Holzasche, Hobelspäne usw. Schneckenbarrieren bilden. Bei trockener Witterung den Boden lockern, damit die Brut und die kleinen Nacktschnecken austrocknen.

Direkte Abwehr: Schnecken einsammeln. Schneckenverstecke anlegen (z. B. alte Holzbretter auslegen) und die sich dort sammelnden Schnecken regelmäßig entsorgen.

Achtung: Keine Schneckenkörner verwenden. Sie bilden eine Gefahr für Igel und andere natürliche Schneckenfeinde.

PILZ- UND FLECKENKRANKHEITEN

Echter Mehltau

Befällt Erbsen, Gurken, Schwarzwurzeln, Erdbeeren, Stachelbeeren, Rosen, Reben und diverse Zimmerpflanzen.

Schadbild: Auf der Oberseite der Blätter bildet sich zuerst ein kleiner, dann immer größer werdender weißer Film, der mit den Fingern abgestreift werden kann.

Vorbeugen: Mehltauresistente Sorten wählen. Ein leichter Befall schädigt die Pflanzen kaum.

Falscher Mehltau

Befällt Salat, Spinat, Kohlarten, Zwiebeln, Knoblauch, Reben, Rosen.

Schadbild: Auf der Unterseite der Blätter bildet sich ein weißer bis grauer Belag. Er lässt sich nicht von Hand abstreifen. Die Oberseite der Blätter weist hell gelbliche, unregelmäßige Flecken auf.

Vorbeugen: Die Fruchtfolge einhalten. Resistente Sorten wählen. Mit genügend großen Pflanzabständen für eine gute Durchlüftung sorgen.

Direkte Abwehr: Wenn nötig mit Kupfer spritzen.

Grauschimmel

Befällt Salat, Zwiebelgewächse, Endivien, Lattich, Zichorien, Erdbeeren, Brombeeren, Himbeeren.

Schadbild: Befallene Pflanzenteile weisen einen grauen, flächigen Schimmelbelag auf. Das Gewebe stirbt rasch ab (Fäulnis), und es entstehen große rotbraune Flecken auf Blättern und Früchten.

Vorbeugen: Eine Überversorgung mit Stickstoff vermeiden. Mit größeren Pflanzabständen für eine gute Durchlüftung sorgen. Auf eine genügende Kalkversorgung achten. Robuste Sorten wählen. Pflegemittel auf pflanzlicher Basis wie Schachtelhalm oder Algenextrakte verwenden. Befallene Pflanzenteile frühzeitig entfernen und vernichten.

Rostpilz

Befällt Bohnen, Schwarzwurzeln, Johannisbeeren, Nelken, Löwenmaul, Rosen.

Schadbild: Auf der Blattunterseite bilden sich gelbbraune bis schwarze stäubende Pusteln. Die Blattoberseite verfärbt sich, und die Blätter fallen bei starkem Befall (besonders bei Rosen) ab.

Vorbeugen: Befallene Pflanzenteile frühzeitig entfernen. Auf ausreichende Kalkversorgung achten. Mit Holzasche vermischten Kompost ausbringen. Bei verholzten Pflanzen (Rosen, Johannisbeeren) Beet und Strauch mit Pflanzenpflegemitteln mit Kupferzusatz spritzen.

Direkte Abwehr: Kupfer spritzen.

Krautfäule an Tomaten und Kartoffeln

<u>Schadbild:</u> Braune, unregelmäßige Flecken auf Blättern und Stängel. Das Kraut stirbt ab, auf Knollen bzw. Früchten entstehen eingesunkene, braungraue Flecken.

<u>Vorbeugen:</u> Die Fruchtfolge beachten und in Mischkultur anpflanzen. Robuste Sorten wählen. Starke Stickstoffdüngung vermeiden. Wöchentlich mit natürlichen Mitteln (Milchwasser 1 : 6 verdünnt, Zwiebelschalentee) spritzen.

<u>Direkte Abwehr:</u> Kupfer spritzen.

Blattfleckenkrankheit bei Sellerie und Tomaten

<u>Schadbild:</u> Auf befallenen Pflanzen erscheinen verschieden große helle bis braune Flecken mit schwarzen Pünktchen. Das Gewebe trocknet ein, die Früchte bleiben klein.

<u>Vorbeugen:</u> Die Fruchtfolge einhalten; in Mischkultur mit Kohlgewächsen oder Lauch anpflanzen. Die Pflanzabstände genügend groß wählen. Wöchentlich mit natürlichen Mitteln spritzen (siehe Krautfäule).

<u>Direkte Abwehr:</u> Bei starkem Befall mit Kupfer behandeln.

WEITERE KRANKHEITEN UND STÖRUNGEN

Auflaufkrankheiten

<u>Schadbild:</u> Aussaaten keimen, sterben dann aber nach und nach ab.

<u>Vorbeugen:</u> Für die Aussaat saubere Aussaaterde verwenden. Aussaaten nicht zu nass halten. Nach dem Aufkeimen luftig stellen und oberflächlich abtrocknen lassen. Bei Aussaaten ins Freiland die Fruchtfolge einhalten und auf genügende Kalkversorgung achten.

Fußkrankheiten

<u>Schadbild:</u> Das Gemüse stirbt in der Phase des Wachstums ab. Der Fuß der Pflanze verfärbt sich braun bis schwarz.

<u>Vorbeugen:</u> Die Fruchtfolge etwa bei Spinat, Roter Bete (Randen), Schnitt- und Stielmangold sowie Erbsen unbedingt einhalten. Auf eine genügende Kalkversorgung achten.

Kohlhernie

<u>Schadbild:</u> Schleimpilze im Boden verursachen an den Wurzeln krebsartige Gebilde; Kümmerwachstum ist die Folge.

<u>Vorbeugen:</u> Die Fruchtfolge einhalten. Da saure Böden die Krankheit fördern, ist auf eine genügende Kalkversorgung zu achten. An Kohlhernie erkrankte Kohlstrünke verbrennen, nicht kompostieren. Auf verseuchte Kulturflächen mindestens vier Jahre keinen Kohl pflanzen.

<u>Direkte Abwehr:</u> Kalkhaltigen Dünger verwenden.

Bakterien- und Viruskrankheiten

Viren werden durch direkten Kontakt mit Pflanzenteilen oder durch Insekten übertragen.

Schadbild: Verformungen der Blätter, Verkrüppelung der Früchte oder mosaikartige Verfärbungen der Blätter weisen auf Viruskrankheiten hin.

Vorbeugen: Virusfreie Jungpflanzen kaufen.

Direkte Abwehr: Befallene Pflanzen sofort entfernen und verbrennen.

Physiologische Störungen

Ursache sind weder Schädlinge noch Krankheiten, sondern häufig ein Ungleichgewicht zwischen verschiedenen Umweltfaktoren (Trockenheit, Temperatur, Nässe, Hagel, Düngung).

Gelbfärbung der Blätter: Zu hoher Wasser- und Stickstoffgehalt.

Brandflecken auf Blättern: Durch Gießen mit kaltem Wasser bei Sonnenschein.

Gelbfärbung vonn Tomatenblättern bei grün bleibenden Blattadern: Magnesiummangel.

Blassgrüne Pflanzen, schlechter Wuchs: Missverhältnis zwischen Luft, Wasser und Wärme. Zugluft bei Zimmerpflanzen. Staunässe.

VORBEUGENDER PFLANZENSCHUTZ

- Geeignete Kultur- und Sortenwahl
- Schonende Bodenbearbeitung, Förderung des Bodenlebens und Erhaltung eines gesunden Bodens
- Ausgewogene Ernährung der Pflanzen, Gründüngung und Kompost
- Geeignete Anbau- und Kulturmethoden: Mulchen, Flächenkompostieren, Abstände, Untersaaten
- Ausnützung der Nachbarschaftswirkung verschiedener Pflanzen durch Anbau in Mischkulturen
- Förderung von Nützlingen
- Einsatz von Kräuterjauchen, Kräuterbrühen und frischen Pflanzenauszügen

VORBEUGENDER PFLANZENSCHUTZ MIT KRÄUTERN
Herstellung, Anwendung und Wirkung natürlicher Pflanzenschutzmittel

Pflanzen	Zutaten für 10 Liter	Zubereitung der Mischung	Anwendung	Wirkung
Beinwell	1 kg frisches oder 150 g getrocknetes Kraut	Jauche, vermischt mit Brennnesseln	Als Flüssigdünger während der Vegetationszeit, Verdünnung 1:10.	Allgemein pflanzenstärkend; kalireich, besonders gut für Tomaten.
Brennnessel	1 kg frisches Kraut	Jauche, vermischt mit Beinwell, Schachtelhalm, Schnittlauch, kleinen Mengen verschiedener Kräuter gegen Blattläuse	Als Flüssigdünger während der Vegetationszeit, Verdünnung 1:10. Als Spritzmittel auf die Blätter, Verdünnung 1:20.	Allgemein pflanzenstärkend, insektenabwehrend.
	1 kg frisches oder 150 g getrocknetes Kraut	Kaltwasserauszug	Unverdünnt über die Pflanzen sprühen.	Gegen Blattläuse.
Farnkraut (Adlerfarn, Wurmfarn)	1 kg frisches oder 100 g getrocknetes Kraut	Jauche, Brühe	Im zeitigen Frühjahr vor allem Obstbäume spritzen, Verdünnung 1:10.	Gegen verschiedene Lausarten.
Rainfarn	300 g frische Pflanzenteile oder 30 g getrocknetes Kraut	Tee, vermischt mit Schachtelhalmtee	Als Winterspritzung unverdünnt über die Pflanzen sprühen. Als Sommerspritzung auf Blätter und Boden ausbringen, Verdünnung 1:2 oder 1:3.	Gegen verschiedene Milben und anderes Ungeziefer; außerdem gegen Rost und Mehltau.
Schachtelhalm	1 kg frisches oder 150 g getrocknetes Kraut	Brühe, Jauche, vermischt mit Brennnesseln	Von Frühjahr bis Spätsommer als vorbeugende Spritzung möglichst an sonnigen Vormittagen, Verdünnung 1:5.	Stärkt die Abwehrkräfte gegen Pilzerkrankungen wie Mehltau, Schorf, Rost, Blattfleckenkrankheit usw.

Pflanzen	Zutaten für 10 Liter	Zubereitung der Mischung	Anwendung	Wirkung
Wermut	300 g frisches oder 30 g getrocknetes Kraut	Tee, Jauche	Im Frühjahr unverdünnt über die Pflanzen sprühen. Im Juni/Juli Verdünnung 1:3. Im Herbst Verdünnung 1:2.	Abwehr von Ameisen, Läusen, Raupen, besonders gegen Säulchenrost an Johannisbeeren. Sommerspritzung gegen Blattläuse und Apfelwickler. Herbstspritzung gegen Brombeermilben.
Zwiebel und/oder Knoblauch	500 g Zwiebeln und/oder Knoblauch	Jauche, evtl. Zugabe einiger Blätter von Schwarzer Johannisbeere	Auf den Boden der Beete und auf Baumscheiben gießen, Verdünnung 1:10.	Stärkt die Abwehrkräfte gegen Pilzerkrankungen, vor allem bei Kartoffeln und Erdbeeren.
Tomate	2 Handvoll Blätter und Geiztriebe auf 2–3 Liter Wasser	Kaltwasserauszug; zerdrückte Pflanzenteile 3 Stunden ziehen lassen	Zur Flugzeit des Kohlweißlings alle 2 Tage unverdünnt über die Kohlpflanzen gießen.	Gegen Schmetterlinge und Raupen des Kohlweißlings.
Rhabarber	500 g frische Blätter auf 3 Liter Wasser	Tee	Unverdünnt über die Pflanzen sprühen.	Gegen schwarze Läuse und Lauchmotten.
Kohl	3 kg frische Blätter	Jauchemischung: 1½ Liter Kohljauche + 1½ Liter Brennnesseljauche + 7 Liter Wasser	Flüssigdünger, vor allem zum Angießen von Jungpflanzen.	Allgemein stärkend; sorgt für gesundes Anwachsen.
Salbei	300 g frisches Kraut	Tee	Zum Angießen von frisch gepflanzten Kohl-, Blumenkohl- und Brokkolisetzlingen.	Allgemein stärkend, wirkt gegen Wurzelschädlinge.

UNSERE BEVORZUGTEN ADRESSEN

Andermatt Biogarten
Größtes Sortiment biologischer Produkte
und Lösungen für den Garten
www.biogarten.ch

Eternit
Robuste Töpfe, Kübel, Balkonkisten und coole
Sitzgelegenheiten für Haus und Garten
www.eternit.ch

Felco
Die besten Gartenscheren
www.felco.com

Garpa
Die schönsten Möbel für Haus und Garten
www.garpa.ch

Gartenhochbeete
Rekordernten in kürzester Zeit
www.thelazygardener.ch

Kupfer-Gartenwerkzeug
Handgeschmiedete Gartenwerkzeuge fürs Leben
www.kupferspuren.at

Manufactum
Zeitlose Klassiker in handwerklicher Fertigung
www.manufactum.ch

Plantosan
Pflanzenstärkungsmittel »biplantol« für gesunde
und kräftige Pflanzen
www.biplantol.ch

Pro Specie Rara
Altbewährtes Saatgut, seltene und alte Pflanzensorten
www.prospecierara.ch

Sativa
Das qualitativ beste Saatgut der Schweiz
www.sativa-rheinau.ch

Victorinox
Die besten Taschenmesser für Freizeit und Garten
www.victorinox.com

Wyss Samen und Pflanzen
Hier findet man alles, was das Gärtnerherz begehrt.
www.wyssgarten.ch

DANK

Die gärtnerischen Erfahrungen und Erkenntnisse, die wir in diesem Buch beschreiben, sind durch die tägliche Arbeit im Garten über mehr als drei Jahrzehnte entstanden. Über diese lange Zeit ist uns dabei deutlich geworden, wie sehr die Arbeit in der Natur und die Auseinandersetzung mit Pflanzen ein Weg zu Gesundheit, innerer Harmonie und Zufriedenheit sind. Wir möchten allen danken, die uns über viele Jahre gefördert, begleitet und ermuntert und damit einen entscheidenden Beitrag zu diesem Buch geleistet haben.

Ganz speziell bedanken möchten wir uns bei:

Urs Hunziker und dem Team des AT Verlags für die Umsetzung und Realisierung dieses Buches.

Dave Brüllmann, unserem lieben Freund und Fotografen für die kreativen Stunden im Garten.

Damaris und Christian Lienhard vom Hof Weissbad, wo wir einen großen Kräutergarten anlegen durften.

Andrin Willi, unserem lieben Freund und Chefredaktor der Zeitschrift »Marmite«, der uns mit seinem feinen Gespür für das Essen und die Menschen dahinter auf viele kulinarische Höhenflüge mitgenommen hat. Unvergesslich die gemeinsamen Feste bei uns im Garten und das Kochen bei ihm zu Hause.

Manuel von Allmen, der mit viel Enthusiasmus die tollen Kandahar-Schuhe weiterentwickelt.

Hans Walter Müller von Wyss-Samen und den Firmen Eternit und Garpa für ihre Unterstützung.

Camilla und Micki Fischbacher für ihre treue Freundschaft.

Bernhard und Annelies Tschan für die tollen Gespräche auf dem winterlichen Golfplatz und beim Genießen in Gonten.

Steve und André für die faszinierenden Erzählungen über die bewegten Zeiten in Alexandria und Paris und die vielen kulinarischen Höhepunkte.

Annelies und Chris Fischbacher für die wunderbaren Stunden am Kamin und im Garten.

Albert Kriemler für das Einbringen von Natur und Kunst in seine einzigartige Haute Couture.

Kurt Aeschbacher für das Teilen der Passion für die Pflanzen.

Michael Watt, der uns immer wieder mit Überraschungen aus dem Alltag herausgeholt hat: Jazzkonzerte auf dem Matterhorn, im Schnee auf 3000 Meter über Meer; Austern und Teppanyaki in Zermatt; Konzert und After-Party mit Queen.

Korda Marshall für den legendären Abend im »The Ivy«, Mitternachtskonzert im »Ronnie Scott's«, Frühstück im »Tangerine« und Türöffner zum »Chelsea Physic Garden«.

Lena Wright für die Inspiration bei Grüntee und Stricken.

Vor allem bedanken wir uns bei unseren drei Töchtern Maria, Ashlin, Seraina und ihren Freunden, mit denen wir wunderbare Zeiten im Garten verbringen durften und gemeinsam die Gaben der Natur zu fantastischen Gerichten verarbeitet haben.

Der größte Dank gilt meiner liebsten Frances. Sie ist für mich eine stete Quelle der Inspiration. Mit ihrem Sinn für Ästhetik und Schönheit hat sie den allergrößten Anteil an all den wunderbaren Dingen und Begegnungen, die mein Leben so bereichern.

Danke euch allen.

AUTOREN UND FOTOGRAF

Remo Vetter

1956 in Basel geboren. Von 1982 bis 2017 Geschäftsführer eines international tätigen Naturheilprodukte-Unternehmens. Seit 2018 freischaffend als Gartengestalter, Referent und Buchautor. Langjährige Vortrags- und Seminartätigkeit. Realisierte Gartenprojekte in der Schweiz, in England und Irland. Vorträge im In- und Ausland über Nachhaltigkeit, Naturzusammenhänge, Entschleunigung und Sinnfindung. Zahlreiche Auftritte in Radio, Fernsehen und Printmedien im In- und Ausland.

www.thelazygardener.ch

Frances Vetter-Mc Veigh

1962 in Irland geboren. Seit 35 Jahren mit Remo Vetter verheiratet. Als Gartengestalterin im In- und Ausland tätig. Als Kunstpädagogin unterrichtete sie »Fine Art« an einer internationalen Schule, als Künstlerin durch Ausstellungen im In- und Ausland präsent. Buchübersetzerin und Bloggerin.

www.thewater.ch

Dave Brüllmann (Fotografie)

1945 in England geboren, in der Schweiz aufgewachsen. Nach der Ausbildung zum Fotografen leitete er während drei Jahren das Fotostudio der Frauenzeitschrift Annabelle. Seit 1972 selbstständiger Mode- und Werbefotograf. In den letzten Jahren zunehmend im Bereich Food und Lifestyle tätig.

REGISTER

Abstände (Pflanzen, Säen) 55, 65, 78, 103, 117
Ackerwinde 50, 80
Algenkalk 151, 152
Alte Sorten 101, 103ff.
Anhäufeln 36, 78, 121, 160, 161
Anzuchterde 57
Apfelwickler 215
Artischocke 79
Aubergine 31, 50, 79, 109, 115
Aufbinden 37, 109, 112, 115ff.
Auflaufkrankheiten 212
Ausdauernde (mehrjährige) Pflanzen 20, 49, 128, 149
Ausdünnen (siehe auch Pikieren) 34, 36, 55, 59
Ausgeizen 110
Auspflanzen/Setzen 35, 54ff.
Aussaat 33ff., 50, 54ff.
Bakterien/Viren 213
Baldrian 200
Balkonkultur 71, 93, 109ff., 117ff.
Bambus 19, 134
Bärlauch 200
Basilikum 59, 79, 113, 199
Bäume/Sträucher pflanzen 19, 117f., 138, 151, 161, 180
Baumscheibe 78, 151, 152, 155, 215
Baumschnitt 169f., 178
Beeren 101ff., 204ff.
Beerensträucher 74, 76, 78, 105, 169, 180
Beetgröße 34
Bestäubung/Befruchtung 74f.
Bienen/Hummeln 15, 50, 74, 75, 91, 132
Bienenweide 27, 50, 74, 160
Biologisches Gleichgewicht 16
Blattfleckenkrankheit 212, 214
Blauregen 134
Bleichen 36
Blumenkohl 36, 37, 164, 180, 190, 215
Blumenwiese 19
Blumenzwiebeln 20, 49, 79, 134, 161, 181
Boden, allgemein
    Bodenarten 22
    Bodenbearbeitung 23

Bodenqualität 20, 26, 42
Bodenruhe 164
    saurer/alkalischer 23
Bodendecker 13, 19, 50, 134, 177
Bodendeckung, siehe Mulchen
Bohnen (Busch-/Stangen-) 34, 36, 37, 40, 41, 55, 62, 80, 115, 128, 134, 190, 196
Bohnenfliege 209
Bohnenkraut, Berg-/Winter- 78, 79, 200
Breitsaat 34
Brennnessel/Beinwell 30f., 49, 63, 70f., 109, 113, 133, 214
Brokkoli 36, 80, 180, 190, 215
Brombeeren 204
Chinakohl 134, 160, 180, 190
Clematis 117, 134
Currykraut 160, 200
Dahlie 134, 161
Dickmaulrüssler 81, 209
Dill 59, 79, 99, 113, 199
Direktsaat 14, 33ff., 36
Dost, siehe Oregano
Drahtwürmer 209
Drainage 26, 117, 119
Drehherzmücke 209
Düngen (siehe auch Gründungung, Kompost) 23, 30, 35, 37f., 46, 49, 54, 70, 80, 94, 105, 109, 113, 117, 133, 134, 160
Dunkelkeimer 55
Einlagern 142f., 164, 198
Eisbergsalat (siehe Kopfsalat) 194
Eisheilige 54f., 59, 79f., 109
Endivie 134, 160, 164, 180, 194
Erbsen 34, 36, 37, 40, 41, 62, 134, 190
Erdbeeren 101ff., 134, 204
Erdklee 27
Essbare Blumen/Blüten 86, 91, 124
Estragon 79, 200
Ethylengas 112
Fallobst 138
Farnkraut 214
Federkohl (Grünkohl) 160, 164, 180, 190
Feldsalat (Nüssli-) 31, 34, 41, 160, 164, 180, 194

Fenchel 36, 41, 80, 81, 85, 99, 134, 142, 180, 184, 191, 201
Fledermaus 29, 81, 129
Folientunnel 31, 74, 194
Frost 27, 31, 49, 54, 138, 142, 143, 147, 149, 151, 152, 154, 160, 161, 169, 170, 180, 181
Frostempfindlich/-beständig 20, 59, 190, 191, 193, 194, 197, 207
Fruchtfolge 40f., 103, 205, 209, 210, 211, 212
Frühbeet 30f., 34, 54, 57, 71, 78, 178
Frühjahrsarbeiten 78ff.
Frühjahrsblüher 74, 79, 81, 161
Fußkrankheiten 212
Gartenabfall (siehe auch Grasschnitt) 62, 119, 180
Gartengeräte 43f., 172f.
Gartenplanung 19, 46, 176ff.
Gehölze/Sträucher 19, 20, 49, 129, 151, 160, 161, 169, 178
Geiztrieb 110, 215
Geranie 71, 80, 209
Gesteinsmehl 23, 38, 70
Gewürzfenchel 113, 180, 201
Gießen, allgemein 37, 66, 91
Gladiole 134, 161, 208
Glyzinie 80
Goldmelisse 113, 201
Gräser 151
Grasschnitt 73, 103, 119, 157, 180
Grauschimmel 211
Gründüngung 26ff., 34, 40, 50, 78, 99, 147, 164, 204, 205, 206, 210, 213
Grünkohl, siehe Federkohl
Gurke 31, 41, 50, 55, 59, 62, 70, 73, 78, 80, 86, 112f., 115, 117, 128, 191, 211
Hecke 17, 19, 80, 117, 129, 151, 152, 161
Heidelbeeren 23, 29, 76, 78, 205
Herbstarbeiten 160f.
Herbstaster 161
Herbstblüher 79, 161
Herbstrübe, siehe Speiserübe
Himbeeren 76, 205, 208, 211
Himbeerkäfer 208

Hochbeet 63f., 85
Hornspäne/-mehl 37, 76
Hügelbeet 17, 62, 85, 148
Humus 22, 26, 59, 62, 71, 103, 119, 147, 148, 180
Igel 15, 29, 81, 152ff., 160, 180, 211
Insekten 15, 16, 19f., 26, 50, 75, 81, 91, 129, 132, 142, 180, 208ff.
Insektennistkasten/-wand 81, 132
Iris 134
Jäten 23, 29, 33, 54, 65, 78, 91, 148, 199, 205
Jauche/Brühe/Auszug 70f., 193, 197, 213, 214f.
Johannisbeeren 76, 160, 206, 211, 215
Johanniskraut 149, 201
Käfer 81, 208
Kalk 23, 38, 151, 152, 169, 191, 198, 211, 212
Kaltkeimer 161
Kamille 113, 199
Kapuzinerkresse 59, 73, 80, 86, 99, 184
Karotte 33, 59, 80, 85, 98, 142, 143, 192, 210
Karotten-/Möhrenfliege 74, 81, 98, 210
Kartoffel 36, 41, 78, 120ff., 142, 192, 205, 208, 209, 212, 215
Kirschlorbeer 19
Kiwi 206
Kletterpflanzen 79, 80, 115ff., 134, 149, 196
Knoblauch 99, 184, 192, 205, 211, 215
Kohl (Weiß-/Rot-, Wirsing; siehe auch andere Arten) 36, 41, 59, 62, 70, 79, 80, 98, 164, 180, 197, 209, 210, 211, 212, 215
Kohlerdfloh 209
Kohleule 208
Kohlfliege 74, 81, 210
Kohlgallenrüssler 210
Kohlhernie 156, 212
Kohlrabi 37, 193
Kohlweißling 74, 98, 208, 215
Kompost, allgemein 23, 37, 62ff., 71ff., 80, 94, 99, 110, 119f., 134, 154ff., 180
Konkurrenz, Pflanzen (siehe auch Mischkultur) 40, 114
Kopfsalat 37, 55, 164, 194, 209
Koriander 79, 99, 199
Kräuel (Vierzahn) 23, 35, 36, 43

Kräuter 41, 59, 65f., 78, 79, 113f., 199ff.
  einjährige 79, 103, 199f.
  mehrjährige 20, 59, 66, 128, 200ff.
Krautfäule 212
Kresse 33, 79, 157
Krokus 20, 161
Kübelpflanzen 109ff., 117ff., 154
Kümmel 74, 81, 201
Kupfer 211, 212
Kupfergartengeräte 42, 172
Kürbis 37, 41, 50, 57, 80, 105, 109, 117, 143, 160
Lauch 41, 80, 98, 134, 160, 180, 193
Lauchmotte 98, 208, 209, 215
Läuse 70, 74, 91, 98f., 117, 129, 132, 208, 210, 214f.
Lavendel 59, 78, 91, 99, 114, 128, 184, 201
Leguminosen 27
Lehmboden 22, 103, 148, 191, 205
Lehm-Kalk-Anstrich 152, 169
Lichtkeimer 55
Liebstöckel (Maggikraut) 20, 65, 74, 79, 81, 149, 201
Lockern 23, 26, 29, 36, 43, 46, 65, 99, 103, 148
Lorbeer, Gewürz- 201
Lupine 27
Mais 55
Majoran 79, 199
Mangold (Schnitt-/Stiel-) 59, 134, 195, 196, 212
Margerite 161
Marienkäfer 15, 29, 74, 81, 99, 184, 208
Maulwurfsgrillen 210
Meerrettich 168, 202
Mehltau 99, 117, 211, 214
Mehrjährige Pflanzen 20, 49, 59, 66, 128, 200ff.
Melone 78, 117
Mieten (Lagerung) 143
Milben (Spinn-) 208, 214
Mineralischer Dünger 38, 134
Minze 20, 65, 66, 128, 147, 149, 202
Mischkultur 38ff., 73, 80, 91, 98
Mist 23, 30, 37, 63, 66, 78, 105, 113, 119, 134, 149, 151, 152, 156f., 160, 181
Mulchen 23, 26, 27ff., 59, 147, 169, 180, 205, 206, 213

Mulchfolie/-vlies/-papier 33
Nachsäen 34, 79, 80, 114, 134
Narzisse 134, 161
Nematoden 81
Netz/Schutz- 31, 74, 81, 98, 143, 151, 205, 208, 209, 210
Nüssli-, siehe Feldsalat
Nutzgarten planen 17, 19, 34, 78, 79, 109, 177f.
Nützlinge 16, 29, 50, 74, 81, 99, 129, 152, 180
Obstbäume 74ff., 78, 98, 99, 103, 117f., 128, 151f., 155, 160, 169, 214
Ohrwürmer 29, 81, 99, 208
Oregano 114, 149, 202
Organischer Dünger (siehe auch Gründüngung, Kompost) 22f., 26, 35, 37f., 50, 57, 99
Paprika (Peperoni) 31, 50, 57, 109, 115, 193
Pastinake 142, 160, 164, 180, 193
Pendelhacke 36, 50, 65, 94
Petersilie 59, 85, 98, 113, 199
Pfefferschote/Chili 50, 133
Pfingstrose 134
Pflanzenschutz, vorbeugender 29, 70, 98, 99, 213, 214f.
Pflanzgefäße 65, 113ff., 117ff., 178
pH-Wert, Boden 22, 23
Pikieren (Vereinzeln) 43, 54, 57, 59, 78, 193, 194
Pilzkrankheiten 37, 91, 154, 211f., 215
Polsterpflanzen 134
Portulak 31, 164
Quecke 50
Radicchio 134, 180
Radieschen 41, 55, 103, 134, 160, 194
Rainfarn 214
Rankhilfe 37, 80, 109, 112, 115, 149
Rasen 13, 19, 80, 134
Raupen 208, 209, 215
Regenwasser 70, 93f.
Regenwurm 26
Rettich 41, 80, 134, 180, 194
Rhabarber 70, 76f., 78, 160, 207, 215
Rhododendron 23, 80, 134
Ringelblume 27, 59, 73, 74, 124
Rittersporn 161

Rondini 105, 109, 117
Rosen 91, 99, 134, 148f., 161
Rosenkohl 80, 142, 160, 164, 180, 191, 194
Rosmarin 114, 115, 160, 202
Rostpilz 211, 214f.
Rote Bete (Rande) 41, 80, 85, 134, 142, 143, 180, 195
Rückschnitt 49, 80, 117f., 128, 149, 151, 160, 161, 169f., 178
Rucola 103, 164, 202
Saatgut 33, 55, 104
Saatschale/-kasten 50, 57, 78
Säen 33ff., 78f.
Salate (Schnitt-, Pflück-) 33, 41, 55, 59, 62, 78, 80, 109, 134, 160, 194f.
Salbei 20, 59, 78, 113, 114, 128, 202, 215
Samenernte 144
Sandboden 22
Schachtelhalm 152, 214
Schädlinge, allgemein 16, 31, 74, 81, 98, 208ff.
Schauberger, Viktor 42
Schmetterlinge 19, 50, 91
Schnecken 29, 35, 59, 63, 81, 91ff., 147, 149, 178, 211
Schneeglöckchen 161
Schnittlauch 20, 66, 85, 113, 202, 209, 214
Schwarzwurzel 33, 41, 180, 195, 211
Schwebefliegen 99
Schwertlilie 161
Sellerie (Knollen-/Stangen-, Schnitt-) 41, 80, 98, 160, 164, 192, 196, 200
Setzlingsanzucht 30ff., 57, 78, 190ff., 210
Sichtschutz 80, 117
Sommerarbeiten 134
Sommerblüher 71, 117, 134
Sonnenblume 73
Spalierform 117f.
Spargel, Grün- 191, 208
Speiserübe 134, 142, 160, 164, 192
Spinat 33, 34, 41, 55, 103, 134, 160, 196, 211
Stachelbeeren 105, 206, 211
Stammanstrich 152, 169
Stark-/Mittel-/Schwachzehrer 41, 62, 113

Stauden 19, 20, 46, 49, 59, 76, 128, 147, 149, 154, 180
Stickstoff 27, 70, 94, 155, 211, 212, 213
Stockrose 134, 180
Süßkraut (Stevia) 199
Tagetes 59, 73, 80
Tellersaat 34
Thrips 208
Thymian 20, 59, 78, 113, 114, 203
Tomate 31, 37, 41, 50, 57, 59, 62, 70, 71, 73, 109ff., 143, 196, 215
Tomaten, grüne 143, 144
Tomatenhaus 31
Tonboden 23
Topinambur 180, 197
Treib-/Frühbeet 30f., 34, 54, 57, 71, 78, 178, 181, 194
Treib-/Gewächshaus 31, 55, 57, 78, 143, 147, 178, 190, 197, 198
Tropfschlauch 93
Tulpe 20, 161
Tunnel, siehe Folientunnel
Überwintern 31, 115, 147, 154, 172f., 180, 208
Unkraut 19, 23, 27, 33, 36, 50, 59, 65, 80, 94, 99, 148
Urban Gardening 109
Vereinzeln, siehe Pikieren
Vierzahn, siehe Kräuel
Vlies 31, 33f., 54, 57, 74, 119, 147, 154, 180
Vogelfraß 31, 98, 205
Walderdbeeren 102ff.
Wärmeliebende Pflanzen 31, 109, 115
Weide 105
Weidenruten (Kletterbüsche) 105
Weiße Fliegen 208
Wermut 79, 203, 215
Wespen 80, 99, 132
Wilder Wein 117
Wildgehölze 19, 103
Winterarbeiten 180f.
Wintergrüne Gehölze 161
Winterharte Pflanzen 20, 103, 117, 154, 197, 200, 203

Winterschutz 147, 169
Wurmkomposter 119f.
Wurzelgemüse 62, 78, 142, 143, 164, 193
Wurzelpetersilie 78
Ysop 203
Zitronenmelisse 66, 149, 203
Zitronenverbene 203
Zucchini 57, 59, 62, 70, 73, 86, 128, 160, 197
Zuckerhut 134, 195
Zuckerschote 190
Zweiblattstadium 57
Zwerg-/Säulenform 117f.
Zwiebel (Gemüse) 40, 41, 59, 78, 80, 98, 103, 142, 197, 215
Zwiebelfliege 81, 210
Zwischenkultur 40, 195